Langenscheidt
Englisch in 30 Tagen

Langenscheidt

Englisch in 30 Tagen

Von Dr. Sonia Brough
und Carolyn Wittmann

Langenscheidt

Berlin · München · Wien · Zürich · New York

www.langenscheidt.de

Umwelthinweis: gedruckt auf chlorfrei gebleichtem Papier

Umschlaggestaltung: Independent Medien-Design
Zeichnungen im Innenteil: Ulf Marckwort, Kassel
Lektorat: Ilona Lehnert-Adler

Printed in Germany
ISBN 978-3-468-28002-3

8. 9. 10. 11. * 10 09 08

Inhalt

Vorwort

Zu Beginn gleich eine erfreuliche Nachricht: Sie können viel mehr Englisch, als Sie denken! Folgende Ausdrücke werden Sie ganz bestimmt wiedererkennen:

sweatshirt ***jeans*** ***computer***

ticket ***shopping***

video ***steak*** ***hotel***

Und das ist nur eine ganz kleine Auswahl an Wörtern, die im Englischen und Deutschen gleich sind. Dann gibt es noch solche Wörter, die in beiden Sprachen ähnlich aussehen:

market	Markt	***book***	Buch
university	Universität	***address***	Adresse
bread	Brot	***water***	Wasser
cold	kalt	***beer***	Bier
door	Tür	***tea***	Tee usw.

Besonders beim Reisen werden Ihnen sicherlich auch folgende Ausdrücke begegnet sein:

airport	***baggage***	***boarding card***
crew	***dutyfreeshop***	***no smoking***

Somit haben Sie schon beachtliche Vorkenntnisse in der englischen Sprache! Wenn Sie nun die nachfolgenden 30 Lektionen durcharbeiten, werden Sie am Ende Ihr Englisch so weit entwickelt haben, dass Sie sich in einer englischsprachigen Umgebung nicht nur »durchschlagen«, sondern korrekt und vor allem idiomatisch ausdrücken können.

Die 30 Lektionen in diesem Band verfolgen auf unterhaltsame Weise die Erlebnisse eines jungen deutschen Mannes, der nach England reist, um während eines mehrmonatigen Aufenthalts sein Englisch zu verbessern: vielleicht auch ein Ansporn für Sie, sich einmal eine solche Reise vorzunehmen!

Zu allen Dialogtexten gibt es als Lernstütze jeweils eine deutsche Übersetzung. Danach folgen abwechselnd grammatische Erläuterungen und vielfältige Übungen, die der soliden Festigung des Sprachmaterials dienen und den Erfolg Ihres Sprachstudiums sicherstellen. Schließlich werden nach dem lektionsbezogenen Wortschatz am Ende jeder Lektion Tipps und Informationen zur britischen Lebensweise aufgeführt, die bei einem Aufenthalt in Großbritannien von praktischem Nutzen sind.

Durch diese abwechslungsreiche Struktur soll Ihnen das Lernen der englischen Sprache möglichst angenehm und unterhaltsam gemacht werden. Mit vier Zwischentests und den Lösungsschlüsseln zu den Übungen können Sie Ihre Lernfortschritte sofort selbst feststellen.

Auch wenn Sie diesen Englischkurs nicht in 30 Tagen durcharbeiten sollten, wichtig ist, dass Sie einen gewissen Lernrhythmus entwickeln: besser jeden Tag etwas, als am Wochenende eine Mammut-»Englischorgie«. Nutzen Sie auch die »Zwischenzeiten« auf dem Weg in die Arbeit oder Schule, in der Mittagspause, beim Joggen mit dem Walkman usw.

Dieser Selbstlernkurs ist auch als Buch mit Audio-CD erhältlich, die die Dialogtexte in zwei Sprechgeschwindigkeiten bietet – einmal in flottem Alltagsenglisch und einmal in langsamerem Tempo zum Nachsprechen.

Und nun machen Sie es sich gemütlich, denn das Abenteuer Englisch beginnt sogleich. Wir wünschen Ihnen dabei viel Unterhaltung und vor allem Erfolg!

Autorinnen und Verlag

Schreibung, Zeichensetzung, Aussprache

1. Schreibung

Im Gegensatz zum Deutschen werden im Englischen Substantive grundsätzlich kleingeschrieben. Ausnahmen bilden Eigennamen, Länder- und Ortsnamen, Wochentage, Monate, historische Bezeichnungen, Institutionen, Buch- oder Filmtitel, die wie im Deutschen großgeschrieben werden.
Beachten Sie, dass Nationalitätsadjektive wie *English*, *German* oder *Austrian* ebenfalls großgeschrieben werden.
Auch die »Nummer eins«, das Personalpronomen *I* (»ich«), will großgeschrieben werden – schließlich besteht es ja nur aus einem einzigen Buchstaben.

2. Zeichensetzung

In drei Hauptbereichen weicht die englische Zeichensetzung grundsätzlich von der deutschen ab:

- Kommas werden nicht so streng gehandhabt wie im Deutschen. Generell gilt, dass man dort Kommas setzt, wo man beim Sprechen eine natürliche Pause einlegen würde.
- Anführungszeichen werden jeweils oben angebracht und sind nach innen gekehrt. Sie »umklammern« sozusagen das Wort beziehungsweise den Satz: "…". Stellen Sie sich vor, die Zahlen 66 und 99 hängen von der darüberstehenden Zeile herunter.
- Das Ausrufezeichen erscheint im Englischen weitaus seltener als im Deutschen. Es wird eigentlich nur gebraucht, wenn man etwas auch laut sagen oder rufen würde. Nach der Anrede in Briefen beispielsweise erscheint das Ausrufezeichen praktisch nie, sondern stattdessen ein Komma.

3. Aussprache

Durch die vielfältigen Einflüsse auf die englische Sprache, die sich aus germanischen, lateinischen und französischen Wurzeln entwickelt hat und die viele weitere Lehnwörter (zum Beispiel aus dem Indischen) aufgenommen hat, hat sich im Englischen ein entsprechend buntes und oftmals inkonsequent erscheinendes Rechtschreibbild ergeben. Entsprechend schwierig ist es folglich auch bei der Aussprache vieler Wörter. Aber trösten Sie

sich: Sowohl mit der Rechtschreibung als auch mit der Aussprache haben selbst viele Engländer ihre Probleme!
Um eine gute und korrekte Aussprache zu entwickeln, wäre es ganz wichtig für Sie, sich die Lektionen auf der Begleitkassette mehrmals anzuhören. Achten Sie dabei auch auf den »Singsang« der englischen Intonation im Vergleich zum monotoneren Klang des Deutschen. Haben Sie keine Hemmungen, ihn nachzuahmen, denn nur so wird Ihre Aussprache natürlich und authentisch klingen.
Auf ein paar Laute wollen wir hier noch kurz eingehen, die Deutschsprachigen erfahrungsgemäß Schwierigkeiten bereiten:

a Das kurze englische *a* wie in *and*, *thanks* usw. wird ähnlich wie das »a« in »Danke«, »Kaffee« usw. ausgesprochen, nur etwas offener, gedehnter. Viele Deutschsprachige neigen dazu, das englische *a* fast wie ein »ä« auszusprechen. Es gibt jedoch einen deutlichen Unterschied z.B. zwischen *hat* und *head* oder *bad* und *bed.*

r Das englische *r* wird nicht im Rachen gebildet, sondern mit der Zunge ganz leicht gerollt. Hier ein Satz, mit dem Sie üben können: *Rory really loves rock and roll.*

v **w** Diese zwei Laute werden von Deutschsprachigen manchmal durcheinandergebracht. Das englische *v* wird wie ein deutsches »w« ausgesprochen (weich und vibrierend). Beim *w* dagegen werden die Lippen zu einem kleinen Loch gebildet. Es ist, als ob Sie »u« und »i« ganz schnell hintereinander aussprechen. Üben Sie mit diesem Satz: *It was very wet and very windy.*

th Wir kommen zum berühmt-berüchtigten *th*, und dafür müssen wir ein wenig das Lispeln üben. Stecken Sie die Zunge zwischen die Zähne und versuchen Sie, »ist« zu sagen. Das ergibt das sogenannte stimmlose *th* wie in *think* oder *thanks.* Nun versuchen Sie, auf gleiche Weise »See« zu sagen, um das stimmhafte *th* wie in *this* oder *that* auszusprechen. Hier muss es vibrieren, und das kann unter Umständen kitzeln. Üben Sie mit: *That is what I think.*

Grammatische Fachausdrücke

Adjektiv	Eigenschaftswort
Adverb	Umstandswort
Artikel	Geschlechtswort
Demonstrativpronomen	hinweisendes Fürwort
feminin	weiblich
Genitiv	Wesfall, 2. Fall
Imperativ	Befehlsform
Infinitiv	Grundform
-ing-Form	Zeitwort mit der Endung -ing
Kardinalzahl	Grundzahl
Komparativ	1. Steigerungsform
Konsonant	Mitlaut
maskulin	männlich
modales Hilfsverb	Hilfszeitwort, mit dem eine Fähigkeit, Möglichkeit, Erlaubnis, Verpflichtung oder ein Verbot ausgedrückt wird
neutral	sächlich
Negativ	Verneinung
Objekt	Satzergänzung
Objektpronomen	Fürwort als Satzergänzung
Ordinalzahl	Ordnungszahl
Partikel	Funktionswort
Partizip	Mittelwort
Personalpronomen	persönliches Fürwort
Plural	Mehrzahl
Positiv	Grundstufe, ungesteigerte Form des Eigenschaftswortes
Possessivpronomen	besitzanzeigendes Fürwort
Präfix	Vorsilbe
Präposition	Verhältniswort
Present Perfect	Perfekt
Pronomen	Fürwort
Reflexivpronomen	rückbezügliches Fürwort
Singular	Einzahl
Subjekt	Satzgegenstand
Substantiv	Hauptwort
substantivisch	als Hauptwort gebraucht
Superlativ	höchste Steigerungsstufe
Verb	Zeitwort
Vokal	Selbstlaut

On the plane

Flight Attendant:	Coffee?
Stephan:	Yes, please.
Flight Attendant:	Milk and sugar?
Stephan:	No, thanks. … Oh, I'm sorry!
Passenger:	That's all right. … Are you German?
Stephan:	Yes, I'm from Munich – and you?
Passenger:	I'm from Aberdeen.
Stephan:	So you're English.
Passenger:	Actually, I'm Scottish.
Stephan:	Oh, sorry! … I'm Stephan.
Passenger:	And I'm Steven!

Im Flugzeug

Flugbegleiter:	Kaffee?
Stephan:	Ja, bitte.
Flugbegleiter:	Milch und Zucker?
Stephan:	Nein, danke. *(Verschüttet Kaffee auf Nachbarn)* Oh, Entschuldigung!

Passagier:	Das macht nichts. … Bist du Deutscher?
Stephan:	Ja, ich komme aus München – und du?
Passagier:	Ich komme aus Aberdeen.
Stephan:	Du bist also Engländer.
Passagier:	Eigentlich bin ich Schotte.
Stephan:	Oh, Verzeihung! … Ich bin der Stephan.
Passagier:	Und ich bin der Steven!

Personalpronomen – I, you

I ich
Die »Nummer eins« ist im Englischen zwar nur ein Strich in der Landschaft, will aber dafür stets **großgeschrieben** werden.

you du / Sie
Im Englischen wird zwischen »du« und »Sie« nicht unterschieden. Das macht das Leben nicht nur auf grammatischer Ebene viel einfacher!

Verb – be

Das Verb »**sein**« heißt auf englisch ***be***. Im Text sind wir drei Formen begegnet:

*I **am***	ich bin
*you **are***	du bist / Sie sind
*that **is***	das ist

Besonders im **gesprochenen Englisch** verwendet man die **Kurzformen:**

I am	→ ***I'm***
you are	→ ***you're***
that is	→ ***that's***

be – Frageform

Die Frageform von ***be*** wird, wie im Deutschen, durch **Umkehrung** des **Subjekts** (***I***, ***you*** *usw.*) und des **Verbs** (***am***, ***are*** *usw.*) gebildet:

I am …	***Am I … ?***	Bin ich … ?
You are *Stephan.*	***Are you*** *Stephan?*	Bist du der Stephan?
That is *all right.*	***Is that*** *all right?*	Ist das in Ordnung?

Übung 1

Fügen Sie die richtige Form des Verbs *be* ein: *-'m, are, -'re, is* oder *-'s*.
Benutzen Sie, wo es möglich ist, die Kurzformen.

1. ……… you from London?

2. No, I ……… from Aberdeen.

3. I ……… Stephan and you ……… Steven.

4. ……… that coffee?

5. Yes, that ……… coffee.

Bejahung, Verneinung – yes, no

yes	ja
no	nein

Bitte, Danke

Please …	Bitte …
Thank you.	Danke!
Yes, please.	Ja, bitte!
No, thanks. / No, thank you.	Nein, danke!

Übung 2

Fügen Sie das richtige Wort ein: ***yes, no, please*** oder ***thanks.***

1. Tea? – No, ..thanks....
2. Sugar? – Yes, .please.......
3. Are you English? – ..no........, I'm from Munich.
4. Are you Scottish? – ..Yes........, I'm from Aberdeen.

Entschuldigung – sorry

Die häufigste und einfachste Entschuldigungsformel lautet:

Sorry! bzw. ***I'm sorry!***	Entschuldigung!
Und die Antwort darauf:	
That's all right.	Das ist in Ordnung. / Macht nichts! / Bitte, bitte!

Präpositionen – from, on

Die sogenannten Präpositionen sind klein, aber oho! Es gibt davon jede Menge, aber da es wenige Regeln dazu gibt, muss man sie einfach auswendig lernen. Manchmal ist ihre Bedeutung ziemlich klar:

from	aus, von
*I'm **from** England.*	Ich komme aus England.

Oft leuchtet sie aber nicht sofort ein:

on	auf
aber:	
***on** the plane*	**im** Flugzeug

Stephan sitzt also keineswegs oben auf dem Flugzeug drauf, sondern in der Kabine.

Übung 3

Ordnen Sie die folgenden Wortgruppen, damit sie sinnvolle Sätze bilden.

1. from / you / Munich / are ?

Are you from Munich?

2. London / no / from / I'm

No, I'm from London

3. that / right / all / is ?

Is that all right?

4. thank / you / yes

Yes, thank you

Nationalitäten

Ist Ihnen aufgefallen, dass man die Adjektive ***English, Scottish*** und ***German*** großschreibt? Dies gilt für alle Nationalitätsbezeichnungen.

Übung 4

Folgende Schilder werden Sie vielleicht schon einmal im Flugzeug gesehen haben. **Was sagt man auf Deutsch dafür?**

NO SMOKING

....

FASTEN SEATBELTS

....

Wortschatz

actually	eigentlich	**I'm English**	ich bin Engländer(in)
all right	in Ordnung	**flight attendant**	Flugbegleiter(in)
and	und	**from**	von, aus
are	sind	**German**	deutsch/ Deutsch
coffee	Kaffee		
English	englisch/ Englisch		

I'm	ich bin	**so**	also
is	ist	**sorry** *in:*	
milk	Milch	**I'm sorry**	Verzeihung
Munich	München	**sugar**	Zucker
no	nein	**the**	der, die, das
no, thanks	nein, danke	**that**	das
oh	oh	**that's**	das ist
on	auf	**yes**	ja
passenger	Passagier	**yes, please**	ja, bitte
plane	Flugzeug	**you**	du / Sie
Scottish	schottisch	**you're**	du bist / Sie sind

Die englische Höflichkeit

Gleich von Anfang an sollten Sie sich zwei ganz wichtige Ausdrücke einprägen: ***please*** (»bitte« bei Wunsch, Aufforderung usw.) und ***thank you*** (»danke«). Sie werden sehr oft verwendet und ihre Auslassung fällt sogar unangenehm auf. Wundern Sie sich nicht, wenn sich jemand mit dem etwas umgangssprachlichen Ausdruck ***cheers*** bedankt oder verabschiedet.

Stephan musste sich in diesem kurzen Text zweimal entschuldigen. In Großbritannien benutzt man das Wort ***sorry*** sehr häufig, auch wenn man selber nicht schuld ist. Es stimmt tatsächlich, dass ein Engländer, wenn ihm jemand auf die Füße tritt, spontan ***»Sorry!«*** sagt.

Ein Entschuldigungsgrund war für unsere Hauptfigur die Tatsache, dass er seinen Gesprächspartner für einen Engländer hielt, wo er doch Schotte ist. Und das ist ein wichtiger Unterschied, der genauso gilt wie etwa der zwischen einem Deutschen und einem Österreicher oder Schweizer. Auch die Waliser und Iren werden ungern als Engländer bezeichnet. Die umfassende Beschreibung für Engländer, Schotten, Waliser und Nordiren lautet natürlich ***British***.

At the terminal

Steven: Are you lost?
Stephan: Hi, Steven!
Steven: Hello, Stephan. We're over there.
Stephan: Oh yes, flight BA946 from Munich.
Steven: Here are the cases.
Stephan: One case, one rucksack and one travel bag. They're all here.
Steven: Are they heavy?
Stephan: The case is very heavy!
Steven: Can you lift it?
Stephan: Yes, I can, but I can't carry it!
Steven: Oh yes, it is heavy. Here are two trolleys.
Stephan: Oh, good!

...

Steven: Here we are – Customs Control.
Stephan: Red, green or blue exit?
Steven: Blue – for the EU.
Stephan: The European Union!
Steven: That's right!

Im Flughafengebäude

Steven: Hast du dich verlaufen?
Stephan: Hi, Steven!
Steven: Hallo, Stephan. Wir sind dort drüben.
Stephan: Oh ja, Flug BA946 aus München.

Steven:	Hier sind die Koffer.
Stephan:	Ein Koffer, ein Rucksack und eine Reisetasche. Sie sind alle da.
Steven:	Sind sie schwer?
Stephan:	Der Koffer ist sehr schwer!
Steven:	Kannst du ihn heben?
Stephan:	Ja, das schon, aber ich kann ihn nicht tragen!
Steven:	Oh ja, er ist schwer! Hier sind zwei Kofferkulis.
Stephan:	Ah, gut!
	...
Steven:	Da sind wir ja – Zollkontrolle.
Stephan:	Roter, grüner oder blauer Ausgang?
Steven:	Blauer – für die EU.
Stephan:	Die Europäische Union!
Steven:	Richtig!

Begrüßung

In Großbritannien gilt in den meisten Situationen als akzeptable Begrüßungsformel ganz einfach ***»Hello!«***. Besonders Jugendliche verwenden auch das etwas saloppere ***»Hi!«***. Weitere Ausdrücke folgen in späteren Lektionen.

Der bestimmte Artikel – the

Während man im Deutschen zwischen »der«, »die« und »das« streng unterscheidet, sieht es im Englischen sehr viel einfacher aus:

The ist der sogenannte bestimmte Artikel und entspricht »der«, »die« und »das« sowie deren Varianten. Es wird also bei allen Wörtern verwendet, ob maskulin, feminin, neutral oder plural.

Aussprache von the

Die Aussprache des bestimmten Artikels ***the*** hängt vom darauf folgenden Wort ab.

Beginnt das Wort von der Aussprache her mit einem **Konsonanten (b, d, g** *usw.*), wird es normal ausgesprochen (d. h. es reimt sich mit dem »be-« in »begreifen«):
*the **t**rolleys*
aber auch:
*the **E**uropean Union* (gesprochen »ju...«)

Beginnt es von der Aussprache her mit einem **Vokal** (**a, e, i, o, u**), reimt es sich mit »sie«:
*the **e**xit* (wie ein gelispeltes »sie«)
aber auch:
*the **h**our* die Stunde (ebenfalls wie ein gelispeltes »sie« - hier wird das »h« nämlich nicht ausgesprochen)

Personalpronomen – it

it	es
is	ist
it is, it's	es ist

Beachten Sie, dass man das neutrale ***it*** generell für Dinge gebraucht, egal ob sie im Deutschen maskulin, feminin oder neutral sind. Ob Subjekt (wie im ersten Beispiel unten) oder Objekt (zweites Beispiel), bleibt dieses Pronomen ebenfalls gleich:

***It** is / **It's** heavy.*	**Es / Er / Sie** ist schwer.
*I can carry **it.***	Ich kann **es / ihn / sie** tragen.

It kann sich zum Beispiel auf Gepäck (neutral), Koffer (maskulin) oder Tasche (feminin) beziehen. Die Form bleibt immer gleich.

Personalpronomen – you, we, they

you	du / Sie	***you are, you're***	du bist / Sie sind
we	wir	***we are, we're***	wir sind
they	sie *(Pl.)*	***they are, they're***	sie sind

Bei Fragen gilt wiederum die Umkehrung von Subjekt und Verb:

Are you *there?*	Bist du da?
Are they *here?*	Sind sie hier?

Übung 1

Is oder ***are?***

1. Here .... the trolleys.

2. Customs Control .... over there.

3. .... they heavy?

4. The case .... very heavy.

5. .... the rucksack on the trolley?

6. Flight BA946. We .... over there.

Übung 2

It's oder ***they're?***

1. Here are the cases. .... very heavy.

2. And the rucksack? – .... on the trolley.

3. .... the flight from Munich.

4. Are they on the plane? – No, ... here.

5. Is it the red exit? – No, ... the blue exit.

Modales Hilfsverb – can, can't

can	können
can't	nicht können

Hier geht es um die **Fähigkeit** beziehungsweise **Unfähigkeit**, etwas zu tun. Für Sie ist es ganz einfach, denn es heißt bei jeder Person, ob Singular oder Plural, ***can*** (mit kurzem »a« ausgesprochen) beziehungsweise ***can't*** (mit gedehntem »a« ausgesprochen):

*I **can***	ich kann
*you **can***	du kannst
*we **can***	wir können *usw.*
*I **can't***	ich kann nicht
*you **can't***	du kannst nicht
*we **can't***	wir können nicht *usw.*

Die **Frageform** wird durch **Umkehrung** des **Subjekts** und des **Hilfsverbs** gebildet:

***Can you** lift it?*	Kannst du es heben?
***Can he** lift it?*	Kann er es heben?

Bei den **Kurzantworten** wird das **Hilfsverb wiederholt:**

*Yes, I **can.***	Ja (kann ich).
*No, he **can't.***	Nein (kann er nicht).

Adverbien des Ortes – here, there

Gewusst wo! Bei diesen zwei ähnlichen Wörtern geht es um Örtlichkeiten:

here	hier
there	dort
over here	hier drüben
over there	dort drüben

Übung 3

Ordnen Sie die folgenden Wortgruppen, um sinnvolle Sätze zu bilden.

1. here / case / is / the

....

2. can / lift / it / we ?

....

3. lost / am / I

....

4. over / they're / there

....

Pluralformen

Der Plural von den meisten Substantiven wird durch Anhängen von **-s** an den Singular gebildet:

case	*case**s***
trolley	*trolley**s***
travel bag	*travel bag**s***
exit	*exit**s***

Grundzahlen 1–10

1	***one***	***6***	***six***
2	***two***	***7***	***seven***
3	***three***	***8***	***eight***
4	***four***	***9***	***nine***
5	***five***	***10***	***ten***

Die Aussprache der Ziffer »0« hängt vom jeweiligen Kontext ab:

0 in Telefonnummern:	***oh***, manchmal auch ***zero***
0 beim Rechnen:	***nought***, ***zero***
0 beim Sport:	***nil***, beim Tennis: ***love***

Versuchen Sie, die Schilder mit den entsprechenden Übersetzungen zu koppeln.

a

b

c

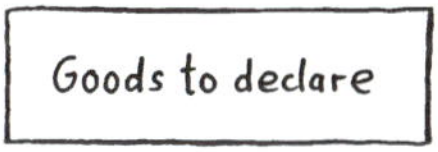

d

e

f

g

1. Nichts zu verzollen .....

2. Ankünfte .....

3. EU Reisepässe .....

4. Gepäckausgabe .....

5. Abflüge .....

6. Sonstige Nationalitäten .....

7. Waren zu verzollen .....

Wortschatz

all	alle	**hi**	hi!
at	an, bei, in	**it**	es / er / sie
blue	blau	**lift**	heben
but	aber	**lost** *in:* **be lost**	sich verlaufen haben
can	können	**one**	ein(e)
can't	nicht können	**over there**	dort drüben
carry	tragen	**red**	rot
case	Koffer	**right**	richtig
customs control	Zollkontrolle	**rucksack**	Rucksack
EU	EU	**terminal**	Flughafengebäude
European Union	Europäische Union	**there**	dort
exit	Ausgang	**they**	sie
flight	Flug	**travel bag**	Reisetasche
for	für	**trolley**	Kofferkuli
good	gut	**two**	zwei
green	grün	**very**	sehr
heavy	schwer	**we**	wir
hello	hallo		
here	hier		

Am Flughafen

Sie können in Großbritannien gleich bei der Ankunft mit Sparmaßnahmen beginnen, denn die Kofferkulis kosten nichts: Sie können also ganz umsonst so viele benutzen, wie Sie brauchen!

Die verschiedenen Ausgänge bei der Gepäckausgabe sind farbig gekennzeichnet: blau für EU-Bürger, grün für Nicht-EU-Bürger, die nichts zu verzollen haben, und rot für alle ehrlichen Leute, die etwas zu verzollen haben und es offen zugeben. Wenn Sie einen EU-Pass haben, gehen Sie also einfach durch den blauen Ausgang ***(blue exit).***

A coach journey

(At the bus station)

Stephan: Excuse me, where's the Oxford bus stop?
Man: It's over there on the right.
Stephan: Thank you.
…
Is this the stop for Oxford?
Lady: Yes, it is.
Stephan: Thanks. Ah, here's the bus.
Lady: That's the Cambridge bus. The Oxford bus is blue, white and yellow.
Stephan: When is the next bus to Oxford?
Lady: At eleven-thirty.
Stephan: Eleven-thirty? But it's twelve o'clock … Oh, I'm an idiot – we're in England. It's eleven o'clock here!

(On the coach)

Stephan: A ticket to Oxford, please.
Driver: Single or return?
Stephan: Single, please.
Driver: That's nine-fifty.
Stephan: Sorry – how much?
Driver: Nine pounds fifty. … Thank you. … There you are – fifty pence change.
Stephan: Thanks. How long is the journey?
Driver: Ninety minutes.
Stephan: That's an hour and a half. I can read the paper – or sleep …

Eine Busfahrt

(Am Busbahnhof)

Stephan:	Entschuldigung, wo ist die Haltestelle für den Bus nach Oxford?
Mann:	Sie ist dort drüben rechts.
Stephan:	Danke.
	...
	Ist das die Haltestelle für den Bus nach Oxford?
Dame:	Ja.
Stephan:	Danke. Ah, da ist der Bus.
Dame:	Das ist der Bus nach Cambridge. Der Bus nach Oxford ist blau, weiß und gelb.
Stephan:	Wann geht der nächste Bus nach Oxford?
Dame:	Um elf Uhr dreißig.
Stephan:	Elf Uhr dreißig? Aber es ist zwölf Uhr ... Ach, ich bin ein Idiot – wir sind in England. Hier ist es ja elf Uhr!

(Im Bus)

Stephan:	Eine Fahrkarte nach Oxford, bitte.
Fahrer:	Einfach oder retour?
Stephan:	Einfach, bitte.
Fahrer:	Das macht neun fünfzig.
Stephan:	Entschuldigung – wie viel?
Fahrer:	Neun Pfund fünfzig. ... Danke. ... Bitte schön – fünfzig Pence zurück.
Stephan:	Danke. Wie lange dauert die Fahrt?
Fahrer:	Neunzig Minuten.
Stephan:	Das sind eineinhalb Stunden. Ich kann Zeitung lesen – oder schlafen ...

Fragewörter – where?, when?, how?

In einem fremden Land muss man sich durchfragen können. Dabei helfen Ihnen folgende Fragewörter:

where?	wo?
when?	wann?
how?	wie?

sowie die Ausdrücke:

how much?	wie viel?
how long?	wie lange?

Übung 1

Fügen Sie jeweils das richtige Fragewort ein: ***where, when*** oder ***how.***

1. .... is the next flight?
2. .... much is a single ticket?
3. .... is Terminal 1?
4. .... long is the journey?

Nachfrage – sorry

Hier begegnet uns das Wort ***sorry*** noch einmal, und zwar in einer etwas anderen Anwendung: Stephan hat den Fahrkartenpreis nicht verstanden und bittet um Wiederholung. Es entspricht hier also dem deutschen »Wie bitte?« oder auch »Entschuldigung?«.

Grundzahlen 11–100

11	***eleven***	***21***	***twenty-one***
12	***twelve***	***22***	***twenty-two*** *usw.*
13	***thirteen***	***30***	***thirty***
14	***fourteen***	***40***	***forty***
15	***fifteen***	***50***	***fifty***
16	***sixteen***	***60***	***sixty***
17	***seventeen***	***70***	***seventy***
18	***eighteen***	***80***	***eighty***
19	***nineteen***	***90***	***ninety***
20	***twenty***	***100***	***a hundred***

Die zusammengesetzten Zahlen zu lernen ist nicht schwer, denn man hängt sie ganz einfach aneinander, ohne sie wie im Deutschen umzustülpen (***twenty-one, forty-five, seventy-two*** *usw.*).

Aufgepasst

■ Beachten Sie die unterschiedliche Schreibweise bei den »Vierer«-Zahlen:
four, fourteen, aber *forty*

Übung 2

Im Text von Lektion 3 sind einige neue Zahlen aufgetaucht. **Suchen Sie sie heraus und geben Sie sie als Ziffer sowie ausgeschrieben an.**

....
....
....
....
....
....

Uhrzeit

Es gibt verschiedene Möglichkeiten, auf Englisch die Uhrzeit anzugeben. Bei vollen Stunden benutzt man meistens den Ausdruck ***o'clock*** (Abkürzung für ***»of the clock«*** = der Uhr):

eleven o'clock	elf Uhr
twelve o'clock	zwölf Uhr
one o'clock	ein Uhr *usw.*

Bei den »Bruchzeiten« entfällt ***o'clock***:

eleven-thirty	
half past eleven	11.30h
four-thirty	
half past four	16.30h

Beachten Sie, dass man im Alltag generell nicht die 24-Stunden-Uhr benutzt, wenn es eindeutig ist, um welche Tageszeit es sich handelt. ***Five o'clock*** heißt meistens 17.00 Uhr, also fünf Uhr nachmittags.

Es können aber auch die Abkürzungen ***a.m.*** (= ante meridiem = vormittags) und ***p.m.*** (= post meridiem = nachmittags beziehungsweise abends) verwendet werden, um auf die Tageszeit zu deuten.

Der unbestimmte Artikel – a, an

Der unbestimmte Artikel ***a*** steht vor Wörtern, die von der Aussprache her mit einem **Konsonanten** (**b, g, s, v** *usw.*) beginnen:

***a b**us*	ein Bus
***a p**aper*	eine Zeitung
***a h**otel*	ein Hotel
aber auch:	
***a u**niversity* (gesprochen »juh...«)	eine Universität

Der unbestimmte Artikel ***an*** steht vor Wörtern, die von der Aussprache her mit einem **Vokal** (**a, e, i, o, u**) beginnen:

***an a**irport*	ein Flughafen
***an i**diot*	ein Idiot
aber auch:	
***an h**our*	eine Stunde (hier wird das »h« nämlich nicht ausgesprochen)

Präpositionen – on, at, to, for, in

on the right	rechts
on the left	links
at	1. *örtlich:* an, bei (***at** the airport*)
	2. *zeitlich:* um (***at** eleven-thirty*)
to	zu, nach (*the bus **to** Oxford, a ticket **to** Oxford*)
for	für (*the stop **for** Oxford*)
in	in (*we're **in** England*)

A** oder **an?

1. The next coach is in .... hour.

2. It's ....blue, white and yellow bus.

3. Here is a blue and yellow bus. Is it .... Oxford bus?

4. Is it .... long journey?

Übung 3

5. I'm .... idiot. It's eleven o'clock here.

6. Is that ...... exit?

Übung 4

Fügen Sie die richtige Präposition ein:
at, for, from, in, on (2x) **oder *to*.**

1. Where are you ....?
2. I can't carry it ....the exit.
3. The passengers are .... the plane.
4. The bus stop is .... the right.
5. The ticket is .... the travel bag.
6. This is the stop .... Cambridge.
7. The next bus is .... twelve o'clock.

Demonstrativpronomen – this, that

this	das / diese(r, -s) *(hier)*

deutet oft auf etwas **Näherliegendes:**

*Is **this** the stop for Oxford?*	Ist dies die Haltestelle für den Bus nach Oxford?
that	das / diese(r, -s) *(dort)*

deutet oft auf etwas **Fernerliegendes:**

***That**'s the Cambridge bus.*	Das ist der Bus nach Cambridge.

Es wird aber häufig einfach als Übersetzung von »**das**« verwendet:

***That**'s nine pounds.*	Das macht neun Pfund.

Bestätigende Antwort

Bei einer bestätigenden Antwort sagt man nicht immer einfach *yes*, denn das kann etwas abrupt klingen, sondern:
*Is this the stop for Oxford? – Yes, **it is.***

Übung 5

Ordnen Sie die nachfolgenden Satzteile jeweils zu einem Dialog.

1. thank you – excuse me – it's over there – yes? – where's the stop for Oxford, please?

....

....

....

....

2. that's thirteen pounds – a ticket to Heathrow, please – return – single or return?

....

....

....

....

Wortschatz

a	ein(e)
an	ein(e)
bus	Bus
bus station	Busbahnhof
change	Wechselgeld
coach	Reisebus
driver	Fahrer
England	England
excuse me	Entschuldigung
fifty	fünfzig
half	halb
hour	Stunde
how	wie
how long	wie lang
how much	wie viel
idiot	Idiot
in	in
journey	Fahrt
lady	Dame
man	Mann
minute	Minute
next	nächste(r, -s)
or	oder
paper	Zeitung
pence	Pence
pound	Pfund *(brit. Währungseinheit)*
read	lesen
return	retour, Rückfahrkarte
right *in:*	
on the right	rechts

▶

single	einfach, Einzelfahrkarte	**this**	diese(r, -s)
		to	zu, nach
		when	wann
sleep	schlafen	**where**	wo
stop	Haltestelle	**white**	weiß
there you are	bitte schön	**yellow**	gelb

Busverkehr

Beim Kaufen von Fahrkarten sollte man die verschiedenen Möglichkeiten beachten:

a single eine Einzelfahrkarte,
a return eine Rückfahrkarte,
a day return eine Tagesrückfahrkarte

sowie bei längeren Fahrten:
a period return eine Rückfahrkarte.
Letztere ist normalerweise für drei Monate gültig.

In Großbritannien unterscheidet man streng genommen zwischen ***bus*** (»Bus«) und ***coach*** (»Reisebus«). ***Bus*** wird aber auch für den Reisebus verwendet. In Großbritannien gibt es ein weit gespanntes Busnetz, das im Vergleich zur Bahn recht günstige Fahrten anbietet.

Währung

Seit Einführung der Dezimalisierung 1971 ist der Umgang mit der englischen Währung recht einfach:
Ein Pfund hat 100 Pence: ***£1 = 100p***

Meeting people

Mrs Young:	Hello – you must be Stephan König.
Stephan:	That's right. And you're Mrs Young?
Mrs Young:	Yes. Nice to meet you, Stephan. Come in!
Stephan:	Thank you.
Mrs Young:	Leave the bags in the hall. You must be tired and hungry.
Stephan:	I'm not very hungry …
Mrs Young:	Have a cup of tea and a sandwich, then?
Stephan:	Mm, yes, please!
Mrs Young:	Come in and sit down ... This is Lucia – she's from Italy. And Akiro – he's from Japan.
Lucia:	Hello!
Akiro:	Hi!
Stephan:	Hello – nice to meet you.

Mrs Young:	A sandwich for you two?
Akiro:	No thanks, we aren't hungry.
Mrs Young:	Lucia and Akiro are students at the Excel language school, too. They're here for six months.
Stephan:	Is it a good school?
Lucia:	Well, I'm happy there, but Akiro isn't.
Stephan:	Why?
Akiro:	It's full of Japanese!
Mrs Young:	Oh dear!

Erstes Kennenlernen

Fr. Young:	Hallo – Sie müssen wohl Stephan König sein.
Stephan:	Richtig. Und Sie sind Frau Young?
Fr. Young:	Ja. Nett, Sie kennenzulernen, Stephan. Kommen Sie herein!
Stephan:	Danke.
Fr. Young:	Lassen Sie die Taschen im Flur. Sie müssen ja müde und hungrig sein.
Stephan:	Ich bin nicht sehr hungrig ...
	Dann nehmen Sie doch eine Tasse Tee und ein Sandwich?
Stephan:	Mm, ja, bitte!
Fr. Young:	Kommen Sie rein und setzen Sie sich …
	Das ist Lucia – sie ist aus Italien. Und Akiro – er ist aus Japan.
Lucia:	Hallo!
Akiro:	Hi!
Stephan:	Hallo – nett, euch kennenzulernen.
Fr. Young:	Ein Sandwich für euch zwei?
Akiro:	Nein danke, wir sind nicht hungrig.
Fr. Young:	Lucia and Akiro studieren auch an der Excel Sprachenschule. Sie sind für sechs Monate hier.
Stephan:	Ist das eine gute Schule?
Lucia:	Nun ja, mir gefällt es dort, aber Akiro nicht.
Stephan:	Warum?
Akiro:	Lauter Japaner!
Fr. Young:	Oh je!

Personalpronomen – he, she

Nach ***I*** und ***you*** nun zwei weitere Personalpronomen:

he er ***she*** sie

Hier die Übersicht:

I	ich	***it***	es / er / sie
you	du / Sie	***we***	wir
he	er	***you***	ihr / Sie *(Pl.)*
she	sie	***they***	sie *(Pl.)*

Modales Hilfsverb – must

Must ist eines der sogenannten unvollständigen Hilfsverben, es bildet nur eine Gegenwartsform. Die lange Bezeichnung soll Sie aber keineswegs abschrecken. Für Sie ist nur wichtig, dass die **Form** dieses Verbs **immer gleich bleibt:**

*You **must** be Mrs Young.*	Sie müssen wohl Frau Young sein.
*He **must** be Akiro.*	Er muss wohl Akiro sein.
*She **must** be hungry.*	Sie muss wohl Hunger haben.

Übung 1

Ordnen Sie die folgenden Wortgruppen, damit sie sinnvolle Sätze bilden.

1. must / English / they / be

....

2. aren't / no / they

....

3. be / you / hungry / must

....

4. aren't / hungry / thanks / no / we

....

Verb – be

Hier nun die Übersicht des Verbs ***be*** in der Gegenwart:

*I **am***	→	*I'**m***	ich bin
*you **are***	→	*you'**re***	du bist / Sie sind
*he **is***	→	*he'**s***	er ist
*she **is***	→	*she'**s***	sie ist
*it **is***	→	*it'**s***	es / er / sie ist
*we **are***	→	*we'**re***	wir sind
*you **are***	→	*you'**re***	ihr seid / Sie *(Pl.)* sind
*they **are***	→	*they'**re***	sie sind

Es gibt also nur **drei Formen,** die man sich merken muss: ***am, is*** und ***are*** beziehungsweise die **Kurzformen *-'m, -'s*** und ***-'re.***

Verneinung von be

*I **am not***	→	*I'**m not***	ich bin nicht
*you **are not***	→	*you **aren't***	du bist / Sie sind nicht
*he **is not***	→	*he **isn't***	er ist nicht
*she **is not***	→	*she **isn't***	sie ist nicht
*it **is not***	→	*it **isn't***	es / er / sie ist nicht
*we **are not***	→	*we **aren't***	wir sind nicht
*you **are not***	→	*you **aren't***	ihr seid / Sie *(Pl.)* sind nicht
*they **are not***	→	*they **aren't***	sie sind nicht

Übung 2

Fügen Sie die richtige Form des Verbs ***be*** ein: ***-'m, -'m not, -'s, isn't, are, -'re*** oder ***aren't.*** Die Kurzform kann nicht immer verwendet werden.

1. .... they hungry?

2. No, they ...., but they .... very tired.

3. We .... happy here, but she ....

4. .... you two from Italy? – No, we

.........., but they ....

5. No thanks, I .... full. I .... hungry.

Imperativ

Um Befehle und Aufforderungen ausdrücken zu können, muss man den Imperativ beherrschen. Dazu muss man lediglich die **Grundform** des Verbs wissen:

***Come** in!*	Komm rein! / Kommen Sie rein!
***Leave** the bags here.*	Lass / Lassen Sie die Taschen hier.
***Sit** down.*	Setz dich! / Setzen Sie sich!

Übung 3

Wie sagt man das auf Englisch? Kombinieren Sie die Zahlen mit den entsprechenden Buchstaben.

1. Sie bitten jemanden herein.
2. Sie bitten jemanden, die Tasche hier stehen zu lassen.
3. Sie bitten jemanden, Platz zu nehmen.
4. Sie stellen jemanden vor.
5. Sie bitten jemanden, hierher zu kommen.

a Please come here.
b Meet Stephan König.
c Please come in.
d Leave your bag here.
e Sit down.

1. ..... **2.** ..... **3.** .....

4. ..... **5.** .....

Fragewort – why?

Ein weiteres, wichtiges Fragewort, das nach den Ursachen fragt, ist:

why? warum?

Adjektive

Adjektive beschreiben eine Person oder eine Sache näher:

*You must be **tired.***	Sie müssen müde sein.
*I'm not **hungry.***	Ich bin nicht hungrig. / Ich habe keinen Hunger.
*It's a **good** school.*	Es ist eine gute Schule.
*I'm **happy** there.*	Ich bin dort glücklich.

Die **Form** des Adjektivs bleibt **immer gleich,** auch wenn es vor dem Substantiv erscheint:

*a **good** school*	eine gute Schule
*a **good** hotel*	ein gut**es** Hotel
*a **good** computer*	ein gut**er** Computer

■ Achten Sie darauf, dass manche englischen Adjektive im Deutschen auch anders konstruiert werden:

He's hungry.	Er hat Hunger.
I'm cold.	Mir ist kalt.
You're right.	Sie haben recht.

Übung 4

In den folgenden Sätzen haben sich einige Wörter verirrt.
Wie lauten die Sätze richtig?

1. Nice to leave you.

....

2. Meet the bags in the hall.

....

3. Oh dear, you must be hungry. Sit down.

....

4. Oh dear, you're tired. Have a sandwich.

....

5. The hall is full of Japanese students.

....

6. The school is full of bags.

....

of – a cup of ...

Bei der Tasse Tee u. Ä. fügt man ***of*** hinzu:

*a cup **of** tea*	eine Tasse Tee
*a pot **of** coffee*	eine Kanne Kaffee

Übung 5

Können Sie folgende geschüttelte Wörter entziffern? Es sind alles Herkunftsbezeichnungen.

lehngsi	sotstcih	najasepe
E...........	S...........	T...........
remgna	urpeonae	
G...........	E...........	

Wortschatz

come in	hereinkommen
cup	Tasse
full of	voller
hall	Flur
happy	glücklich
he	er
hungry	hungrig
Italy	Italien
Japan	Japan
Japanese	japanisch
language school	Sprachenschule
leave	lassen
month	Monat
Mrs	Frau
must be	sein müssen
nice to meet you	nett, Sie kennenzulernen
oh dear!	oh je!
people	Leute
sandwich	Sandwich
school	Schule
she	sie
sit down	sich hinsetzen
student	Student, Schüler
tea	Tee
then	also
tired	müde
too	auch
well	nun (ja)
why	warum
you two	ihr beide

Anrede

Bei der allerersten Begegnung unter Erwachsenen begrüßt man sich oft mit ***»Nice to meet you.«*** (»Nett, Sie kennenzulernen.«). Dabei gibt man sich manchmal die Hand.

Stephan redet seine Gastgeberin mit ***Mrs Young*** an:

Mrs Young	Frau Young
Mr Young	Herr Young

Mrs wird für eine verheiratete Frau verwendet, ***Mr*** für einen Mann, ob verheiratet oder nicht. Und die unverheirateten Frauen? Die »politisch korrekte« Bezeichnung lautet hier ***Ms*** (ausgesprochen wie »mis« mit weichem »s«; die etwas veraltete Form ***Miss*** sollte man nur verwenden, wenn es erwünscht ist).

In Großbritannien redet man sich allerdings recht schnell mit Vornamen an, sodass man sich den Kopf über die Förmlichkeiten nicht zu sehr zerbrechen muss. Für Sie gilt die Devise: Warten Sie ab, wie es der oder die andere handhabt!

In the wrong room

Stephan:	Oh, this isn't my room! Sorry, Akiro.
Akiro:	That's okay. Your room is opposite.
Stephan:	Yes, of course. And Lucia's is next to it.
Akiro:	She's got a wash basin in her room, and a spare bed.
Stephan:	And you've got a nice big table and an extra chair … and a television! Is it your TV?
Akiro:	Yes, it is. It's very good for my English.
Stephan:	That's true! Has it got a sports channel?
Akiro:	It's got three.
Stephan:	I've got my Walkman but it hasn't got a radio.
Akiro:	They've got a radio in the kitchen and satellite TV in the sitting room – and in the bedroom and the study!
Stephan:	That's good. But I haven't got time for that now.

(A knock at the door)

Akiro:	Who's that? Oh, it's you, Lucia!
Lucia:	Hello. Oh hi, Stephan. Isn't Akiro's room lovely?

Stephan:	Yes, it is. This is a nice house. And it's got two bathrooms, three toilets and four TVs!
Akiro:	And very nice owners! One student in my class is with his third family already.
Lucia:	We are lucky. We're so happy here with Mr and Mrs Young.

Im falschen Zimmer

Stephan: Oh, das ist nicht mein Zimmer! Tut mir leid, Akiro.
Akiro: Ist schon in Ordnung. Dein Zimmer ist gegenüber.
Stephan: Ja, natürlich. Und Lucias ist nebenan.
Akiro: Sie hat ein Waschbecken in ihrem Zimmer und ein Extrabett.
Stephan: Und du hast einen schönen großen Tisch und einen Extrastuhl … und einen Fernseher! Ist das dein Fernseher?
Akiro: Ja. Er ist sehr gut für mein Englisch.
Stephan: Das stimmt! Hat er ein Sportprogramm?
Akiro: Er hat drei.
Stephan: Ich habe meinen Walkman, aber er hat kein Radio.
Akiro: Sie haben ein Radio in der Küche und Satellitenfernsehen im Wohnzimmer – und im Schlafzimmer und Arbeitszimmer!
Stephan: Das ist gut. Aber ich habe dafür jetzt keine Zeit.
(Es klopft an der Tür)
Akiro: Wer ist's? Oh, du bist's, Lucia!
Lucia: Hallo. Oh hi, Stephan. Ist Akiros Zimmer nicht schön?
Stephan: Ja, das ist es. Es ist ein nettes Haus. Und es hat zwei Badezimmer, drei Toiletten und vier Fernseher!
Akiro: Und sehr nette Besitzer! Ein Student aus meiner Klasse ist bereits bei seiner dritten Familie.
Lucia: Wir haben wirklich Glück. Uns gefällt es so gut hier bei Herrn und Frau Young.

Possessivpronomen – my, your, his, her

my mein(e) *usw.*
Ein wichtiges Wörtlein, denn es wird benutzt, um »Besitzanspruch« auszudrücken. Die gute Nachricht für Sie: Es bleibt **unverändert**, egal ob es »mein«, »meine«, »meinem« (Singular oder Plural) *usw.* ausdrückt.

Ähnlich verhält es sich mit den anderen Possessivpronomen, die ebenfalls **unverändert** bleiben:

your dein(e) *usw.* / Ihr(e) *usw.*
his sein(e) *usw.*
her ihr(e) *usw.*

Übung 1

Fügen Sie das richtige Wort ein: ***my, your, his*** oder ***her.***

1. Where's Lucia? Is she in .... room?
2. No, she isn't. She's with Akiro. She must be in .... room.
3. Have you got .... Walkman with you?
4. No, but I've got .... radio.

Genitiv

Wenn man bestimmen will, wem etwas gehört, fügt man einfach -'s an den Namen:

*Akiro**'s** room* Akiros Zimmer
*Stephan**'s** bed* Stephans Bett
*Mrs Young**'s** house* Mrs Youngs Haus

■ Vergessen Sie im Englischen nicht den Apostroph(')! **Aufgepasst**

Ist es klar, um was es sich handelt, kann man das Substantiv weglassen:

*It's Lucia**'s.*** Es ist Lucias. / Es gehört Lucia.
*This is Stephan**'s.*** Das ist Stephans. / Das gehört Stephan.

Übung 2

Vervollständigen Sie den Text mit *-s* oder *-'s*.

Lucia ..... room is next to Stephan .... It's opposite Akiro .... It has got a bed, a table and two chair .... She has got her two case ..... and two bag ..... on the bed. Lucia ..... bag ..... are very heavy. They're full of English book ....

Kurzantworten mit be

Der positiven Kurzantwort »***Yes, it is.***« sind wir schon begegnet.

Hier nun einige weitere Formen:

***Is it** your TV?*	Ist es dein Fernseher?
*- Yes, **it is.***	- Ja.
*- No, **it isn't.***	- Nein.
***Are you** from Italy?*	Kommst du aus Italien?
*- Yes, **I am.***	- Ja.
*- No, **I'm not.***	- Nein.

Fragen im Negativ

Diese werden, wie andere Fragen auch, durch **Umstellung** des **Subjekts** und des **Verbs** gebildet, wobei die Kurzform des Negativs ***-n't*** nicht vom Verb getrennt wird:

Isn't** Akiro's room lovely**?	Ist Akiros Zimmer nicht schön?
Aren't** they nice**?	Sind sie nicht nett?

Präpositionen – opposite, next to, with

Und noch ein paar Präpositionen für die Sammlung:

opposite	gegenüber
*Your room is **opposite** Akiro's.*	Dein Zimmer ist gegenüber Akiros.
next to	neben
*Lucia's room is **next to** it.*	Lucias Zimmer ist daneben.
with	mit, bei
*He's **with** his third family.*	Er ist schon bei seiner dritten Familie.

have got / has got

So wird Besitz im weitesten Sinn ausgedrückt:

*I **have got***	→	*I**'ve got***	ich habe
*you **have got***	→	*you**'ve got***	du hast / Sie haben
*he **has got***	→	*he**'s got***	er hat
*she **has got***	→	*she**'s got***	sie hat
*it **has got***	→	*it**'s got***	es / er / sie hat
*we **have got***	→	*we**'ve got***	wir haben
*you **have got***	→	*you**'ve got***	ihr habt / Sie *(Pl.)* haben
*they **have got***	→	*they**'ve got***	sie haben

■ Beachten Sie, dass ***he's, she's*** und ***it's*** also zweierlei heißen können:

he's	→	***he is***	oder	***he has***
she's	→	***she is***	oder	***she has***
it's	→	***it is***	oder	***it has***

Die Bedeutung ist meistens aus dem Kontext klar.

Aufgepasst

have got / has got – Verneinung

I ***haven't got***	ich habe nicht
you ***haven't got***	du hast nicht / Sie haben nicht
he ***hasn't got***	er hat nicht
she ***hasn't got***	sie hat nicht
it ***hasn't got***	es / er / sie hat nicht
we ***haven't got***	wir haben nicht
you ***haven't got***	ihr habt nicht / Sie *(Pl.)* haben nicht
they ***haven't got***	sie haben nicht

Übung 3

Fügen Sie die richtige Form des Verbs ***have got*** ein: ***-'s got / -'ve got*** beziehungsweise ***hasn't got / haven't got.***

1. The house has got four bedrooms but it .... four bathrooms.

2. I'm lucky. I .... a wash basin in my room.

3. The house is lovely. It .... nice big rooms.

4. She .... a Walkman but she .... a television.

5. They .... satellite TV in the sitting room.

6. Excuse me. We .... two chairs but we .... a table.

7. I'm sorry, but I .... time for you now.

have got / has got – Frageform

Die Frageform wird, wie bei ***can*** (siehe Lektion 2), durch **Umkehrung** des **Subjekts** und des **Hilfsverbs** ***have*** gebildet:

***have I** got?*	habe ich?
***have you** got?*	hast du? / haben Sie?
***has he / she / it** got?*	hat er / sie / es?
***have we** got?*	haben wir?
***have you** got?*	habt ihr? / haben Sie? *(Pl.)*
***have they** got?*	haben sie?

Übung 4

Ordnen Sie die Sätze zueinander. Sie wollen wissen, ob

1. jemand die Uhrzeit hat.
2. das Zimmer Satellitenfernsehen hat.
3. Sie und Ihre Familie das Gepäck haben.
4. die Dame ein nettes Zimmer hat.
5. die Studenten die Bücher haben.

a Have they got the books?
b Have you got the time?
c Have we got the cases?
d Has it got satellite TV?
e Has she got a nice room?

1. ..... **2.** ..... **3.** ..... **4.** ..... **5.** .....

Fragewort – who?

Nach der Person fragt man mit ***who?*** (»wer?«). Die Fragewörter noch einmal auf einen Blick:

where?	wo?	***why?***	warum?
when?	wann?	***who?***	wer? / wen? / wem?
how?	wie?		

Übung 5

Ergänzen Sie folgendes Telefongespräch: ***how, where*** oder ***who.***

A: Hello?

B: It's Robert Derford.

A: Hello, Robert. .... are you?

B: I'm all right, thanks. I'm in Oulu.

A: Oulu! ....'s that?

B: It's in Finland.

A: Finland? ....'s Finland?

B: In Scandinavia. I'm here with Eila.

A: Eila? ....'s Eila?

B: She's Mrs Derford.

A: Mrs Derford? Well, third time lucky[1], Robert!

[1] beim dritten Mal gelingt's

it's you

Beachten Sie die Konstruktion:

it's you	du bist es

Ordnungszahlen 1st–10th

Nach den sogenannten Kardinalzahlen ***(one, two, ..., ten*** *usw.*) kommen nun die ersten Ordinalzahlen, die die Stellung in einer Reihenfolge ausdrücken (erster, zweiter, ..., zehnter *usw.*):

1st	***first***	***6th***	***sixth***
2nd	***second***	***7th***	***seventh***
3rd	***third***	***8th***	***eighth***
4th	***fourth***	***9th***	***ninth***
5th	***fifth***	***10th***	***tenth***

Aufgepasst

lucky – happy

■ Beide Wörter haben mit Glück zu tun, sollten aber nicht verwechselt werden:

be happy	glücklich sein
be lucky	Glück haben

Wortschatz

already	schon
bathroom	Badezimmer
bed	Bett
bedroom	Schlafzimmer
big	groß
chair	Stuhl
channel	Programm, Kanal
class	Klasse
door	Tür
English	Englisch
extra	extra, Extra…
family	Familie
got *in:* **have / has got**	haben
her	ihr(e)
his	sein(e)
house	Haus
kitchen	Küche
knock	Klopfen
lovely	schön
lucky *in:* **be lucky**	Glück haben
my	mein(e)
next to	neben
nice	nett, schön
now	jetzt
of course	natürlich
okay	okay, in Ordnung
opposite	gegenüber
owner	Besitzer
radio	Radio
room	Zimmer
satellite TV	Satellitenfernsehen
sitting room	Wohnzimmer
so	so
spare	Extra…, Gäste…
sports	Sport
study	Arbeitszimmer
table	Tisch
television	Fernseher
third	dritte(r, -s)
time	Zeit
toilet	Toilette
true	wahr
TV	Fernseher
wash basin	Waschbecken
who	wer
with	mit
your	dein(e)

Britische Badezimmer

Bei britischen Badezimmern muss man sich unter Umständen auf etwas andere Einrichtungen gefasst machen. Da Großbritannien ein anderes elektrisches System hat, gilt es als gefährlich, Elektrogeräte im Bad zu benutzen (mit Ausnahme von Rasierern). Man muss sich also die Haare woanders föhnen, es sei denn, das Bad hat – wie in manchen Hotels üblich – einen fest installierten Föhn. Aus dem gleichen Grund wird das Licht im Bad meistens durch eine Ziehkordel eingeschaltet.

Auch sollte man sich nicht wundern, wenn die gewohnte Mischbatterie im Waschbecken und Bad unter Umständen fehlt und man sich mit getrennten Hähnen für Warm- und Kaltwasser abfinden muss. Alles Gewöhnungssache!

Steckdosen

Ein Hinweis: Steckdosen haben einen Schalter, der die Stromzufuhr ein- und ausschaltet. Sollte bei Ihnen Stromausfall sein, überprüfen Sie erst, ob der Schalter auch eingeschaltet ist!

Hightech

Stephan hängt offensichtlich noch an seinem alten Walkman. Akiro dagegen hat den neuesten ***MP3 player*** (»MP3-Player«), auf den er hauptsächlich gebührenfreie Musik aus dem Internet herunterlädt ***(he downloads free music from the internet)***. Dazu braucht er einen Internet-Anschluss ***(internet access)***. Da Mr und Mrs Young zu Hause keinen Computer haben, geht Akiro mit seinem ***laptop*** (»Laptop«) öfters in sein Lieblings-Internetcafé ***(internet café)***. Sie sehen schon: Der Hightech-Wortschatz ist gar nicht so schwer zu lernen!

At breakfast

Stephan:	Good morning!
Lucia:	Morning, Stephan!
Stephan:	Where is everybody?
Lucia:	Ah, here's Akiro. Morning! The Youngs are at work.
Akiro:	Yes, they get up at six-thirty, and Mr Young leaves at quarter past seven.
Lucia:	He works for a bank in the City and he often gets back late.
Akiro:	He lives in his office!
Stephan:	And Mrs Young?
Lucia:	She goes ten minutes later. She teaches at a primary school.
Akiro:	Then we have our breakfast.
Lucia:	And we leave at twenty past eight.
Akiro:	I always have lunch in town at midday and Lucia has a snack at the school in the afternoon.
Lucia:	And we usually come back for our supper in the evening.
Akiro:	Yes, we have dinner with the family.
Stephan:	The family?

Lucia:	Mr and Mrs Young and Rover – that's their dog. They normally have their evening meal at half past seven.
Akiro:	Lucia sometimes does the cooking.
Lucia:	It's good, because we speak English with English people.
Stephan:	And with an English dog!
Akiro:	Yes, its English is very good!
Lucia:	Cornflakes or muesli, Stephan?
Stephan:	Muesli, please. I love muesli in the morning.
Akiro:	You're in England now, Stephan. Have the cornflakes.
Stephan:	Okay. After all, this is my first English breakfast. I like egg and bacon, too …

Beim Frühstück

Stephan:	Guten Morgen!
Lucia:	Morgen, Stephan!
Stephan:	Wo sind sie denn alle?
Lucia:	Ah, da kommt Akiro. Morgen! Die Youngs sind in der Arbeit.
Akiro:	Ja, sie stehen um halb sieben auf und Herr Young geht um Viertel nach sieben außer Haus.
Lucia:	Er arbeitet bei einer Bank in der Londoner City und kommt oft spät nach Hause.
Akiro:	Er wohnt in seinem Büro!
Stephan:	Und Frau Young?
Lucia:	Sie geht zehn Minuten später weg. Sie unterrichtet an einer Grundschule.
Akiro:	Dann frühstücken wir.
Lucia:	Und wir gehen um zwanzig nach acht außer Haus.
Akiro:	Ich esse immer in der Stadt zu Mittag, und Lucia isst nachmittags eine Kleinigkeit in der Schule.
Lucia:	Und zum Abendessen kommen wir gewöhnlich zurück.
Akiro:	Ja, wir essen abends mit der Familie.
Stephan:	Der Familie?

Lucia:	Herr und Frau Young und Rover – das ist ihr Hund. Normalerweise essen sie um halb acht zu Abend.
Akiro:	Lucia kocht manchmal.
Lucia:	Es ist gut, denn wir sprechen dann Englisch mit Engländern.
Stephan:	Und mit einem englischen Hund!
Akiro:	Ja, sein Englisch ist sehr gut!
Lucia:	Cornflakes oder Müsli, Stephan?
Stephan:	Müsli, bitte. Ich liebe Müsli am Morgen.
Akiro:	Du bist jetzt in England, Stephan. Nimm doch die Cornflakes.
Stephan:	Okay. Schließlich ist es mein erstes englisches Frühstück. Ich mag auch Schinken mit Ei …

Bildung der einfachen Gegenwart

Bei der Bildung der einfachen Gegenwart weicht nur die 3. Person Singular von der Grundform ab:

*I **speak***	ich spreche
*you **speak***	du sprichst / Sie sprechen
*he / she / it **speaks***	er / sie / es spricht
*we **speak***	wir sprechen
*you **speak***	ihr sprecht / Sie *(Pl.)* sprechen
*they **speak***	sie sprechen

Meistens wird, wie bei ***speak,*** einfach ein **-s** angehängt (***I speak – he speaks***).

■ Allerdings muss man ein paar **Ausnahmen** beachten: Bei Verben, die auf **-s, -sh, -ch** oder **-x** enden, fügt man **-es** hinzu:

*I teach – she teach**es***	unterrichten
*we relax – he relax**es***	sich entspannen

Verben, die auf einen **Konsonanten** (**m, r, s, v** *usw.*) + **-y** enden, bilden die 3. Person Singular auf **-ies**:

*we carry – she carr**ies***	tragen

Bei **a, e, o, u** + **-y** bleibt das **-y** stehen:

*I buy – he bu**ys***	kaufen

▶

Dann sind noch folgende **unregelmäßige** Formen zu beachten:

*I go – he go**es***	gehen
*we do – she do**es***	tun
*they have – she ha**s***	haben

Beim Verb ***be*** gibt es drei verschiedene Formen in der einfachen Gegenwart, die in Lektion 4 aufgeführt sind.

Gebrauch der einfachen Gegenwart

Die einfache Gegenwart wird für Handlungen verwendet, die **wiederholt**, **regelmäßig** oder **gewohnheitsmäßig** stattfinden:

I usually get up at eight.	Ich stehe gewöhnlich um acht auf.
He always has cornflakes.	Er isst immer Cornflakes.
We speak English with them.	Wir sprechen mit ihnen Englisch.

Manchmal erscheinen mit der einfachen Gegenwart Zeitadverbien wie ***usually, always, normally, often, sometimes,*** die auf die **Wiederholung** der Handlung deuten. Solche Adverbien kommen **zwischen** das **Subjekt** (***I, he*** *usw.*) und das **Verb**.

Übung 1

Setzen Sie, wo es notwendig ist, -s oder *-es* ein.

Tim and Penny live....... in London. Tim work....... for a big bank in the City. He get....... up at six-thirty and leave....... the house at quarter past seven. Penny go....... to work later. She teach.......at a primary school. They like....... their jobs, but they love....... their house and garden. Penny do....... her shopping at the supermarket in the afternoon. Tim get....... home at 7 o'clock. He relax....... and Penny do....... the cooking.

Possessivpronomen – our, their, its

In Lektion 4 sind wir schon einigen Possessivpronomen begegnet.

Hier noch die Übrigen:

our	unser(e) *usw.*
their	ihr(e) *usw.*
its	sein(e) *usw.* (bei Tieren und Dingen)

Die **Formen** bleiben wiederum **gleich**, egal welche Endung im Deutschen erscheint.

Hier die vollständige Übersicht:

my	mein(e) *usw.*
your	dein(e) *usw.* / Ihr(e) *usw.*
his	sein(e) *usw.*
her	ihr(e) *usw.*
its	sein(e) *usw.* / ihr(e) *usw.*
our	unser(e) *usw.*
your	euer, eure *usw.* / Ihr(e) *(Pl.) usw.*
their	ihr(e) *usw.*

Übung 2

Ordnen Sie die folgenden Wortgruppen, damit sie sinnvolle Sätze ergeben.

1. dog / loves / always / muesli / our / its

....

2. normally / seven / supper / they / their / have / at

....

3. usually / leave / we / dog / our / kitchen / the / in

....

4. sometimes / back / they / late / their / from / classes / come

....

Uhrzeit

quarter to eight	Viertel vor acht
quarter past eight	Viertel nach acht
twenty past seven	zwanzig nach sieben
twenty-five past seven	fünf vor halb acht
twenty-five to three	fünf nach halb drei
ten to nine	zehn vor neun

Übung 3

What time is it?
Wie spät ist es?

1. ....
2. ....
3. ....
4. ....
5. ....
6. ....

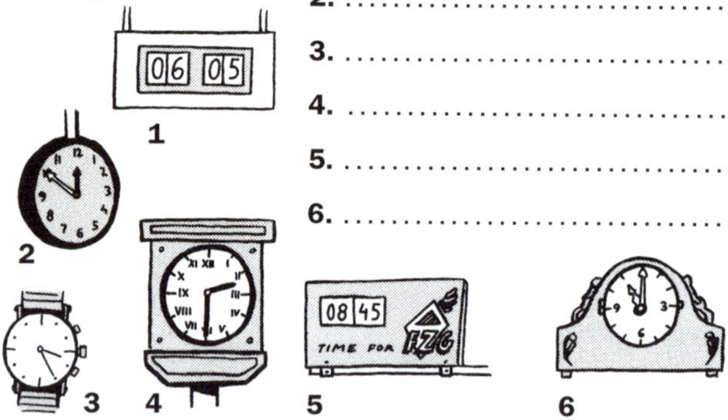

1 2 3 4 5 6

Tageszeiten

morning	Morgen
in the morning	morgens, am Morgen
midday	Mittag
at midday	mittags
afternoon	Nachmittag
in the afternoon	nachmittags, am Nachmittag
evening	Abend
in the evening	abends, am Abend
night	Nacht
at night	nachts, in der Nacht

Begrüßung zu verschiedenen Tageszeiten

Neben »***Hello!***«, das zu jeder Tages- und Nachtzeit gebraucht werden kann, gibt es noch folgende tageszeitlich bedingte Begrüßungen:

Morning! / Good morning!	(Guten) Morgen!
Afternoon! / Good afternoon!	(Guten) Tag!
Evening! / Good evening!	(Guten) Abend!

Ausdrücke mit dem Verb have

In Lektion 4 begegneten wir schon dem Ausdruck ***have a sandwich.***

Hier nun noch einige weitere Ausdrücke mit ***have***:

have breakfast	frühstücken
have lunch	zu Mittag essen
have dinner / supper	zu Abend essen
have a snack	eine Kleinigkeit essen
have a cup of tea / coffee	Tee / Kaffee trinken
have an egg	ein Ei essen

Übung 4

Übersetzen Sie.

1. Ich stehe meistens um Viertel vor sieben auf.

....

2. Wir frühstücken normalerweise in der Küche.

....

3. Zum Frühstück trinken wir Kaffee und essen Eier mit Toast.

.... ▶

4. Ich esse meistens eine Kleinigkeit zu Mittag.

....

5. Ich spreche in der Arbeit oft Englisch.

....

Wortschatz

after all	schließlich
afternoon	Nachmittag
always	immer
bacon	Frühstücksschinken
bank	Bank
breakfast	Frühstück
City	Londoner City *(Bankenviertel)*
come back	zurückkommen
cooking *in:*	
do the cooking	kochen
cornflakes	Cornflakes
dinner	Abendessen
dog	Hund
egg	Ei
evening	Abend
everybody	alle (*Leute*)
get up	aufstehen
go	gehen
half past	halb
have	haben
its	sein(e)
late	spät
later	später
leave	weggehen
live	leben, wohnen
love	lieben
lunch	Mittagessen
meal	Mahlzeit, Essen
midday	Mittag
morning	Morgen
muesli	Müsli
normally	gewöhnlich
office	Büro
often	oft
our	unser(e)
primary school	Grundschule
quarter to	Viertel vor
snack	Kleinigkeit *(zu Essen)*
sometimes	manchmal
speak	sprechen
supper	Abendessen
teach	unterrichten
then	dann
their	ihr(e)
town	Stadt
usually	normalerweise, gewöhnlich
work	arbeiten
work *in:*	
at work	bei der Arbeit

Frühstück

Zusatz-wortschatz

cereal	Cornflakes, Müsli *usw.*	**boiled egg**	gekochtes Ei
porridge	Haferbrei	**scrambled egg(s)**	Rühreier
marmalade	Orangen-marmelade	**fried egg**	Spiegelei
jam	Marmelade	**poached egg**	pochiertes Ei

Aufgepasst

■ Beachten Sie, dass ***marmalade*** auf Englisch nur aus Zitrusfrüchten hergestellte Marmelade bezeichnet.

Mahlzeiten

Das üppige, traditionelle englische Frühstück gehört inzwischen aus zeitlichen und gesundheitlichen Gründen größtenteils der Vergangenheit an. Heutzutage hat kaum jemand mehr Zeit, am frühen Morgen alles in der Pfanne zurechtzubrutzeln und dadurch den Cholesterinspiegel in die Höhe zu treiben. Man bekommt das sehr schmackhafte Frühstück jedoch noch in vielen Hotels serviert. Dort heißt es ***English breakfast*** beziehungsweise ***full breakfast.*** Die Alternative dazu ist das wesentlich bescheidenere ***continental breakfast,*** das aus Cornflakes o. Ä. und ***toast with marmalade*** (Toast mit Orangenmarmelade) besteht.
Die Bezeichnungen der englischen Mahlzeiten sind, mit Ausnahme von ***breakfast,*** etwas unterschiedlich, aber generell fährt man gut, wenn man sich an folgende drei Grundbegriffe hält:

lunch	Mittagessen
tea	Nachmittagstee
dinner	Abendessen

Besonders in der Arbeiterklasse bezeichnet man das Mittagessen als ***dinner*** und das Abendessen als ***tea.*** ***Supper*** wird ebenfalls für das Abendessen verwendet, und zwar entweder die Hauptmahlzeit oder einen kleineren Imbiss, bevor man zu Bett geht.

Test 1

1
Entscheiden Sie sich für eine der beiden Lösungen. Springen Sie dann zu dem durch die Nummer bezeichneten Feld.

2
The cases … over there.

are ⇨ 8
is ⇨ 15

6
Falsch!

Wieder zurück zu Nummer 8.

7
Falsch!

Wieder zurück zu Nummer 4.

11
Falsch!

Wieder zurück zur Nummer 29.

12
Sehr gut, weiter.
Lucia's … are heavy.

bags ⇨ 16
bag's ⇨ 24

16
Gut, weiter:
… are you?

How ⇨ 22
Why ⇨ 18

17
Falsch!

Wieder zurück zu Nummer 22.

21
Falsch!

Wieder zurück zu Nummer 13.

22
Richtig!
They have … supper late.

his ⇨ 17
their ⇨ 19

26
Falsch!

Wieder zurück zu Nummer 30.

27
Gut, weiter:
She goes … school later.

at ⇨ 23
to ⇨ 12

3 Falsch!

Wieder zurück zu Nummer 5.

4 Gut, weiter: … she got her tickets?

Has ⇨ 20
Is ⇨ 7

5 Richtig, weiter: We usually … dinner at 7 o'clock.

've got ⇨ 3
have ⇨ 13

8 Richtig, weiter: Are you English? Yes, … .

I'm ⇨ 6
I am ⇨ 25

9 Falsch!

Wieder zurück zu Nummer 25.

10 Falsch!

Wieder zurück zu Nummer 14.

13 Richtig, weiter: He … at a bank.

work ⇨ 21
works ⇨ 29

14 Sehr gut, weiter: He … got a lovely house.

is ⇨ 10
's ⇨ 30

15 Falsch!

Wieder zurück zu Nummer 2.

18 Falsch!

Wieder zurück zu Nummer 16.

19 Richtig!

Ende der Übung.

20 Prima, weiter: The dog loves … muesli.

its ⇨ 5
it's ⇨ 28

23 Falsch!

Wieder zurück zu Nummer 27.

24 Falsch!

Wieder zurück zu Nummer 12.

25 Sehr gut, weiter: … he hungry?

Is ⇨ 14
Has ⇨ 9

28 Falsch!

Wieder zurück zu Nummer 20.

29 Prima, weiter: They … at 9 o'clock.

leaves ⇨ 11
leave ⇨ 27

30 Richtig, weiter: You … got a TV.

aren't ⇨ 26
haven't ⇨ 4

The lost key

Stephan:	Look, there's a key on the fridge.
Akiro:	Whose key is it?
Lucia:	I don't know. My key's in my pocket.
Stephan:	And my key's upstairs.
Akiro:	It must be Mrs Young's.
Lucia:	I don't think it is. She doesn't forget things.
Akiro:	Yes, but she sometimes leaves her key on the fridge.
Lucia:	Let me see. Oh, yes, it's her key ring! She can't get in.
Stephan:	Why not?
Lucia:	She gets back at four and we don't usually get home before five.
Akiro:	And Mr Young doesn't finish work before seven.
Lucia:	What can we do?
Stephan:	Well, I can come home after lunch.

Akiro:	That's right – you don't come to the conversation class at two.
Stephan:	No, I don't. So that's no problem.
(In the afternoon)	
Mrs Young:	Hello, Stephan! You're back early.
Stephan:	I know.
Mrs Young:	But why aren't you inside? It's wet and cold outside and you haven't got a coat on.
Stephan:	I can't get in.
Mrs Young:	Why not?
Stephan:	Because my key's in my room.
Mrs Young:	Oh. But that's no problem now. I've got the doorkey somewhere in this bag …
Stephan:	But, er, Mrs Young …
Mrs Young:	Oh dear, where's my key? I can't find it.
Stephan:	Well, um, Mrs Young … it's in the kitchen – on the fridge.

Der verlorene Schlüssel

Stephan:	Guck mal, da ist ein Schlüssel auf dem Kühlschrank.
Akiro:	Wem gehört der Schlüssel?
Lucia:	Ich weiß nicht. Mein Schlüssel ist in meiner Hosentasche.
Stephan:	Und mein Schlüssel ist oben.
Akiro:	Der muss wohl Frau Young gehören.
Lucia:	Das glaube ich nicht. Sie ist nicht vergesslich.
Akiro:	Ja, aber manchmal lässt sie ihren Schlüssel auf dem Kühlschrank liegen.
Lucia:	Lass mich mal sehen. Oh, ja, das ist ihr Schlüsselbund! Sie kann also nicht herein.
Stephan:	Warum nicht?
Lucia:	Sie kommt um vier zurück, und wir kommen normalerweise nicht vor fünf zurück.
Akiro:	Und Herr Young ist nicht vor sieben mit der Arbeit fertig.
Lucia:	Was können wir tun?
Stephan:	Naja, ich kann nach dem Mittagessen nach Hause kommen.

Akiro: Richtig – du kommst nicht zum Konversationsunterricht um zwei.
Stephan: Nein. Das ist also kein Problem.
(Am Nachmittag)
Fr. Young: Hallo, Stephan! Du bist aber früh zu Hause.
Stephan: Ich weiß.
Fr. Young: Aber warum bist du denn nicht drinnen? Es ist nass und kalt hier draußen, und du hast keinen Mantel an.
Stephan: Ich kann nicht rein.
Fr. Young: Warum nicht?
Stephan: Weil mein Schlüssel in meinem Zimmer liegt.
Fr. Young: Oh. Aber das ist ja jetzt kein Problem. Ich habe den Haustürschlüssel irgendwo in dieser Tasche …
Stephan: Aber, hm, Frau Young …
Fr. Young: Oh je, wo ist denn mein Schlüssel? Ich kann ihn nicht finden.
Stephan: Naja, hm, Frau Young … er liegt in der Küche – auf dem Kühlschrank.

Fragewort – whose?

whose?	wessen?
Whose *key is it?*	Wessen Schlüssel ist es? / Wem gehört der Schlüssel?
Whose *dogs are they?*	Wessen Hunde sind es? / Wem gehören die Hunde?

Übung 1

Wem gehört es? Bilden Sie Fragen mit ***whose.***

1

2

1. Whose key is it?

2. ....?

3. ....?

4. ....?

5. ....?

6. ....?

3

4

5

6

Ergänzen Sie mit ***my, your, his, her, our*** oder ***their.***
Beispiel: ***It's Mr and Mrs Young's house. – It's their house.***

1. It's Mr Young's key.

It's ....

2. We've got a problem.

It's ....

3. Stephan has got a problem.

It's ....

4. I've got a dog outside.

It's ....

5. The Youngs have got a garden.

It's ....

Einfache Gegenwart – Verneinung

Die verneinte Form der einfachen Gegenwart bildet man mithilfe von ***do:***
do + not + Grundform des Hauptverbs

I ***don't know*** ich weiß nicht *usw.*
you ***don't know***
he / she / it ***doesn't know***
we ***don't know***
you ***don't know***
they ***don't know***

Hier weicht wieder lediglich die 3. Person Singular ab:
he / she / it ***doesn't know***

Übung 3

Verneinen Sie die Sätze.

1. I know where the key is.

....

2. She gets back at three.

....

3. He comes to the conversation class.

....

4. They get home at five.

....

5. You forget things.

....

6. We think it's a good thing.

....

7. It likes its muesli cold.

....

Stellung der Adverbien der Häufigkeit

Erscheint ein Adverb der Häufigkeit in einem **verneinten** Satz, steht es meistens **zwischen *don't / doesn't*** und dem **Hauptverb:**

*We **don't usually get** home before five.*	Normalerweise kommen wir nicht vor fünf nach Hause.
*He **doesn't always have** breakfast.*	Er frühstückt nicht immer.

Sometimes erscheint dagegen meistens am **Satzanfang:**

***Sometimes** we don't have dinner at home.*	Manchmal essen wir nicht daheim zu Abend.

Übung 4

Fügen Sie die Adverbien der Häufigkeit ein.

1. She doesn't forget things. (often)

....

2. We don't leave the dog outside. (usually)

....

3. They haven't got problems. (always)

....

4. He doesn't come home late at night. (normally)

....

5. You don't get in so early. (usually)

....

6. I don't find the time. (often)

....

Ausdrücke mit dem Verb get

Das Verb ***get*** wird sehr vielfältig verwendet. In der letzten Lektion hatten wir ***get up*** (aufstehen).

Hier noch einige Beispiele aus dem neuesten Text:

get in	reinkommen, heimkommen
get back	zurückkommen
get home	zurückkommen, heimkommen

Wortschatz

after	nach
back *in:*	
be back	zurück sein
because	weil
before	vor
coat	Mantel
cold	kalt
come home	nach Hause kommen
conversation	Konversation
early	früh
find	finden

finish	beenden	**let**	lassen
forget	vergessen	**look**	gucken, schauen
fridge	Kühlschrank	**lost**	verloren
get back	zurückkommen	**no problem**	kein Problem
get home	zurückkommen, heimkommen	**outside**	draußen
get in	reinkommen, heimkommen	**pocket**	Hosentasche
have got something on	etwas anhaben	**ring**	*(Finger)*Ring
inside	drinnen	**see**	sehen
key	Schlüssel	**somewhere**	irgendwo
key ring	Schlüsselbund	**thing**	Ding
know	wissen	**think**	glauben, meinen
		upstairs	oben
		wet	nass
		what	was
		whose	wessen
		why not	warum nicht

Arbeitszeiten

Obwohl es im Englischen den festen Ausdruck ***nine to five*** in Bezug auf den Arbeitstag gibt (zum Beispiel ***nine-to-five job*** – Bürojob), sind die Arbeitszeiten schon etwas flexibler geworden, und viele Firmen bieten die sogenannte ***flexitime*** (»gleitende Arbeitszeit«) an. Besonders in der Londoner City, dem Finanzzentrum des Inselreichs, hat man sich nach der restlichen Welt – und besonders nach Europa – gerichtet. Es gilt also hier der Frühstart, wenn man mithalten möchte, zumal ja auch die Uhren in Großbritannien eine Stunde hinter den europäischen »hinterherhinken«. Ansonsten fängt man aber nach wie vor mit der Arbeit etwas später an.

Keeping fit

Stephan:	Hi, Akiro! Do you go to classes on Friday afternoons?
Akiro:	No, I don't. I meet a friend here and we go to the sports centre.
Stephan:	What do you do there? Do you do Sumo wrestling?
Akiro:	No, we don't! We play basketball.
Stephan:	How much does it cost?
Akiro:	It doesn't cost much for students. Do you want to come?
Stephan:	Maybe next time.
Akiro:	Okay.
Stephan:	Do men and women go there?
Akiro:	Yes, they do. Why do you ask?
Stephan:	Oh, I don't know. Does Lucia go there, too?
Akiro:	No, she doesn't. She sometimes goes to the Viking Gym in the town centre on Saturdays.
Stephan:	The Viking *Gym*?
Akiro:	Gym is short for gymnasium.

Stephan:	Gymnasium? Does she go to school on Saturdays?
Akiro:	Of course not! She goes to a fitness centre – a gym is a sports centre.
Stephan:	Oh. What does she do there?
Akiro:	Exercises.
Stephan:	Exercises?
Akiro:	You know, press-ups, bodybuilding exercises.
Stephan:	I see. She doesn't do Sumo wrestling, then?
Akiro:	No, of course not! Only very heavy men do Sumo wrestling.
Stephan:	Not heavy women?
Akiro:	Stephan, don't be so cheeky!

Fit bleiben

Stephan:	Hi, Akiro! Hast du Freitagnachmittag Unterricht?
Akiro:	Nein. Ich treffe mich mit einem Freund hier, und wir gehen dann in den Sportklub.
Stephan:	Was macht ihr denn da? Betreibt ihr Sumo-Ringen?
Akiro:	Nein! Wir spielen Basketball.
Stephan:	Wie viel kostet das?
Akiro:	Es kostet nicht viel für Studenten. Möchtest du mitkommen?
Stephan:	Vielleicht das nächste Mal.
Akiro:	Okay.
Stephan:	Gehen dort Männer und Frauen hin?
Akiro:	Ja. Warum fragst du?
Stephan:	Oh, ich weiß nicht. Geht Lucia auch dorthin?
Akiro:	Nein. Sie geht manchmal ins Viking Gym in der Stadt.
Stephan:	Das Viking *Gym*?
Akiro:	»Gym« ist die Abkürzung von »gymnasium«.
Stephan:	Gymnasium? Geht sie auch samstags in die Schule?
Akiro:	Natürlich nicht! Sie geht in ein Fitnessstudio – ein »gym« ist ein Sportzentrum.
Stephan:	Was macht sie dort?
Akiro:	Turnübungen.
Stephan:	Turnübungen?
Akiro:	Du weißt schon – Liegestütze, Bodybuildingübungen.
Stephan:	Verstehe. Sie betreibt also kein Sumo-Ringen?

Akiro:	Nein, natürlich nicht! Nur ganz schwere Jungs betreiben Sumo-Ringen.
Stephan:	Nicht schwere Frauen?
Akiro:	Stephan, sei nicht so frech!

Einfache Gegenwart – Frageform

Die Frageform von ***be*** und ***can*** wird, wie wir schon gesehen haben, durch **Umstellung** des **Subjekts** und des **Hilfsverbs** ***(can)*** beziehungsweise des **Verbs** ***(be)*** gebildet:

Can he *speak English**?***	Kann er Englisch sprechen?
Is she *here**?***	Ist sie hier?

Ansonsten wird die Frageform durch **Voranstellen** des **Hilfsverbs** ***do*** (in der 3. Person Singular: ***does***) gebildet:

	You like muesli.	Du magst Müsli.
Do	*you like muesli**?***	Magst du Müsli?
	He plays basketball.	Er spielt Basketball.
Does	*he play basketball**?***	Spielt er Basketball?

Die Wortstellung bleibt die Gleiche, und das Hauptverb erscheint in der Grundform (hier: ***like***, ***play***).

Übung 1

Do oder ***does?***

1. .... she keep fit?

2. .... they like the sports centre?

3. .... we want breakfast?

4. .... men and women go there?

Fragen mit Fragewörtern

Auch bei Fragen mit Fragewörtern verwendet man das Hilfsverb ***do***:

What do *you play**?***	Was spielst du?
Why do *you ask**?***	Warum fragst du?
Where do *you go to school**?***	Wo geht ihr in die Schule?
How much does *it cost**?***	Wie viel kostet es?

Übung 2

Bilden Sie Fragen mithilfe der angegebenen Wörter.

1. It doesn't cost much. –
   How / much / cost?

   ....?

2. We play basketball. –
   When / you / play?

   ....?

3. He goes on Fridays. –
   Why / he / go / on Fridays?

   ....?

4. They play on Saturdays. –
   Where / they / play?

   ....?

5. I like Sumo wrestling. –
   Why / you / like / it?

   ....?

Kurzantworten mit do

Ähnlich wie bei ***can,*** wird in den Kurzantworten das **Hilfsverb *do* wiederholt:**

Do you *speak English?*	Sprichst du Englisch?
- Yes, ***I do.***	- Ja.
- No, ***I don't.***	- Nein.
Does he *like muesli?*	Mag er Müsli?
- Yes, ***he does.***	- Ja.
- No, ***he doesn't.***	- Nein.

Verneinter Imperativ

Den verneinten Imperativ bildet man ganz einfach durch Voransetzen von ***don't*** **vor** die **Grundform** des Verbs:

Don't be *so cheeky!*	Sei nicht so frech!
Don't forget *your key.*	Vergiss deinen Schlüssel nicht.

Übung 3

Benutzen Sie die entsprechenden Kurzantworten, um den Dialog zu vervollständigen.

A: Do you go to the sports centre?

B: Yes, ...

A: Does it cost much for students?

B: No, ...

A: Do they do karate?

B: Yes, ...

A: Does Tony go with you?

B: Yes, ...

A: Do you do Sumo wrestling there?

B: No, ...

Wochentage

Monday	Montag
Tuesday	Dienstag
Wednesday	Mittwoch
Thursday	Donnerstag
Friday	Freitag
Saturday	Samstag
Sunday	Sonntag

Zeitangaben und Ortsangaben

Möchte man ausdrücken, dass etwas **regelmäßig zu einer bestimmten Zeit** geschieht, kann man an das Wort für die Zeitangabe ein **-s** hängen:

I go to the sports club ***on Friday(s).***	Ich gehe freitags zum Sportklub.
We have dinner with the Youngs ***in the evening(s).***	Wir essen abends mit den Youngs.

■ Erscheint eine Zeitangabe mit einer **Ortsangabe,** kommt die Ortsangabe wie in den zwei Beispielsätzen **vor** die **Zeitangabe - O vor Z** (wie im Alphabet!).
Eine Zeitangabe kann aber zur **Betonung** am **Anfang** des Satzes erscheinen:
On Fridays *I go to the sports club.*

Verb – want to

Es gibt im Englischen manche Verben, die sich durch ***to*** mit einem anderen Verb verbinden lassen. Dazu gehört zum Beispiel ***want:***

Do you ***want to come?***	Möchtest du mitkommen?
She ***wants to meet*** *her friends.*	Sie möchte ihre Freunde treffen.

Übung 4

Ordnen Sie die folgenden Wortgruppen, um sinnvolle Sätze zu bilden.

1. wants / meet / he / on / his / Saturday / to / friends

....

2. mornings / do / we / in / don't / the / sport

....

3. afternoon / on / to / you / want / come / do / Monday ?

....

4. on / play / Fridays / they / usually / tennis

....

5. the / in / cook / she / does / family / for / the / evenings ?

....

Unregelmäßige Pluralformen

Im Text erscheinen zwei der am häufigsten gebrauchten unregelmäßigen Pluralformen:

man	***men***	Mann, Männer
woman	***women***	Frau, Frauen

Substantive mit oder ohne den bestimmten Artikel the

Vergleichen Sie die folgenden Sätze:

We go ***to the Excel language school.***	Wir gehen in die Excel Sprachenschule.
She goes ***to school*** *on Saturdays.*	Sie geht samstags in die Schule.

In beiden Fällen handelt es sich um die Schule. Warum erscheint also nur im ersten Satz der Artikel ***the?***

Es gibt eine Reihe von Wörtern, die **ohne *the*** erscheinen, wenn man sie sich **allgemein** als **»Einrichtung«** vorstellt (zweiter Satz) und nicht so sehr an ein bestimmtes Beispiel denkt (wie im ersten Satz).
Hier eine Auswahl solcher Wörter:

bed	Bett
church	Kirche
hospital	Krankenhaus
prison	Gefängnis
school	Schule

Zur besseren Einprägung noch ein Beispiel:

He's ***in hospital.***	Er liegt im Krankenhaus.

aber:

He works ***at the hospital*** *in Banbury.*	Er arbeitet im Krankenhaus in Banbury.

Im ersten Satz geht es allgemein um die Institution des Krankenhauses, im zweiten um ein ganz bestimmtes Krankenhaus: man stellt sich das konkrete Gebäude vor.

Wortschatz

ask	fragen	**men** *(Pl.)*	Männer
basketball	Basketball	**next time**	nächstes Mal
bodybuilding	Bodybuilding	**only**	nur
cheeky	frech	**play**	spielen
cost	kosten	**press-up**	Liegestütz
exercises	*(Turn)* Übungen	**see**	*hier:* verstehen
fitness centre	Fitnessstudio	**short**	kurz
friend	Freund	**sports centre**	Sportzentrum
gym, gymnasium	Fitnessstudio	**town centre**	Stadtmitte
keep fit	fit bleiben	**want**	wollen
maybe	vielleicht	**woman**	Frau
meet	sich treffen mit	**women** *(Pl.)*	Frauen
		wrestling	Ringen

Sport

Der Sport spielt in Großbritannien traditionell eine wichtige Rolle, nicht nur als Zuschauersport. Abgesehen vom Fußball werden insbesondere Rugby und Kricket auf vielen Schulen gefördert. Die Spielregeln sind jedoch leider so kompliziert, dass man als Uneingeweihte(r) kaum eine Chance hat, sie jemals zu meistern.

Das tief verwurzelte Interesse am Sport hat sich auch in der englischen Sprache niedergeschlagen. Hier ein paar Beispiele für Ausdrücke aus der Welt des Sports, die sich in der Alltagssprache eingebürgert und auch zum Teil im Deutschen niedergeschlagen haben:

fair play	Fair Play, faires Verhalten
Be a sport!	Sei kein Spielverderber!
hat trick	Hattrick *(drei Erfolge hintereinander)*
team spirit	Gemeinschaftsgeist

Shopping in town

Stephan: Have you got any sweet apples, please?
Man: These are very sweet.
Stephan: I'd like two pounds please, and a pound of those black grapes … and this pineapple.
Man: That's £3.60 … and 40 pence change.
Stephan: Thank you.

Lucia: Stephan! You're shopping, too.
Stephan: Yes, I'm buying some fruit. I haven't got any at home.
Lucia: I'm getting some things for Mrs Young. She's very busy.
Stephan: Oh?
Lucia: Yes, she's buying clothes in London. So I'm doing the shopping and the cooking today.
Stephan: That's very good of you, Lucia.
Lucia: I'm enjoying it. It's fun.
Stephan: I'd like some Italian food, please.

Lucia:	Well, you're lucky. The Youngs aren't eating at home, so there's no English supper tonight!
Stephan:	What, no fish and chips? Are you cooking spaghetti?
Lucia:	No, I'm not. We're having lasagne.
Stephan:	And Akiro? Is he having supper at home, too?
Lucia:	No, he isn't. He goes to the sports centre on Fridays and he often comes back late.
Stephan:	I'm really looking forward to supper!

Einkaufen in der Stadt

Stephan:	Haben Sie süße Äpfel, bitte?
Mann:	Diese hier sind sehr süß.
Stephan:	Ich hätte gerne zwei Pfund, bitte, und ein Pfund von diesen blauen Trauben dort … und diese Ananas.
Mann:	Das macht £ 3.60 … und 40 Pence zurück.
Stephan:	Danke.
Lucia:	Stephan! Du bist auch beim Einkaufen.
Stephan:	Ja, ich kaufe gerade Obst. Ich habe zu Hause keines.
Lucia:	Ich besorge einige Sachen für Frau Young. Sie ist sehr beschäftigt.
Stephan:	Oh?
Lucia:	Ja, sie kauft sich Anziehsachen in London. Also erledige ich heute das Einkaufen und das Kochen.
Stephan:	Das ist sehr nett von dir, Lucia.
Lucia:	Mir gefällt's. Es macht Spaß.
Stephan:	Ich hätte gerne italienisches Essen, bitte.
Lucia:	Ja, du hast Glück. Die Youngs essen diesmal nicht zu Hause, also gibt es kein englisches Abendessen!
Stephan:	Was, keinen Fisch mit Pommes? Kochst du dann Spaghetti?
Lucia:	Nein, es gibt Lasagne.
Stephan:	Und Akiro? Isst er auch daheim zu Abend?
Lucia:	Nein. Freitags geht er immer ins Sportzentrum und kommt oft spät zurück.
Stephan:	Ich freue mich wirklich auf das Abendessen!

Bildung der -ing-Form in der Gegenwart

Diese Form besteht aus ***am/are/is*** oder deren **Kurzformen** + **-ing-Form** des Verbs:

*I'**m coming***	ich komme *usw.*	*we'**re coming***
*you'**re coming***		*you'**re coming***
*he'**s** / she'**s** / it'**s coming***		*they'**re coming***

Die **-ing-Form** bildet man durch **Hinzufügen** von **-ing** an die **Grundform** des Verbs:
buy + -ing = ***buying***

■ Dabei muss man Folgendes beachten:
Ein **Konsonant** (**b, k, m** *usw.)* **nach** einem **kurzen, betonten Vokal** (**a, e, i, o, u**) wird **verdoppelt**:

*ge**t*** – *ge**tting***	besorgen
*sti**r*** – *sti**rring***	umrühren

Ein -l wird **verdoppelt**:

*trave**l*** – *trave**lling***	reisen

Ein **stummes -e entfällt**:

*com**e*** – *com**ing***	kommen
*leav**e*** – *leav**ing***	weggehen

Die Endung **-ie** wird zu **-ying**:

*l**ie*** – *l**ying***	liegen

Gebrauch der -ing-Form in der Gegenwart

Die **-ing-Form** in der Gegenwart wird für Handlungen gebraucht, die **gerade ablaufen** beziehungsweise **vorübergehender Natur** sind:

I'm buying some fruit.	Ich kaufe etwas Obst ein.
Lucia's doing the cooking today.	Lucia kocht heute.
I'm enjoying it.	Es macht mir Spaß.

Übung 1

Was machen die Leute gerade? Benutzen Sie folgende Verben: ***cook, enjoy, have, buy.***

1. She .... some clothes.

2. They .... spaghetti.

3. He .... his supper.

4. They .... the film.

1

2

3

4

-ing-Form in der Gegenwart – Verneinung

*I'm **not coming***	ich komme nicht *usw.*
*you **aren't coming***	
*he / she / it **isn't coming***	
*we **aren't coming***	
*you **aren't coming***	
*they **aren't coming***	

-ing-Form in der Gegenwart – Frageform

am** I **coming?	komme ich? *usw.*
are** you **coming?	
is** he / she / it **coming?	
are** we **coming?	
are** you **coming?	
are** they **coming?	

-ing-Form in der Gegenwart – Frageform im Negativ

aren't** I **coming?	komme ich nicht? *usw.*
aren't** you **coming?	
isn't** he / she / it **coming?	
aren't** we **coming?	
aren't** you **coming?	
aren't** they **coming?	

Beachten Sie, dass die **1. Person Singular** ***are**n't I coming?* lautet. Somit weicht nur noch die 3. Person Singular in der Form ab: ***is**n't she coming?*

Übung 2

Ordnen Sie die Antworten den entsprechenden Fragen zu.

1. Are you looking forward to supper?
2. Is the key lying on the fridge?
3. Is Stephan getting up?
4. Are they enjoying those grapes?

a Yes, they are. They're very sweet.
b No, it isn't. It's in my bag.
c Yes, I am. I love Italian food.
d No, he isn't. He's tired.

1. ..... **2.** ..... **3.** ..... **4.** .....

Übung 3

Wie stellt man die Frage?
Benutzen Sie folgende Verben:
get up, leave, come, look forward to, enjoy.

Sie wollen wissen, ob

1. Lucia gerade aufsteht.

....

2. der Bus abfährt.

....

3. Lucia und Akiro kommen.

....

4. Stephan sich auf das Abendessen freut.

....

5. jemand Spaß an dem Film hat.

....

some – any

Some und ***any*** werden verwendet, um eine **unbestimmte Menge oder Zahl** auszudrücken:

Some steht in **bejahten Aussagesätzen** oder in **Fragen,** wenn die **Antwort »ja«** erwartet wird:

I'm *getting* ***some things*** *for Mrs Young.*	Ich besorge einige Sachen für Frau Young.
Are you *buying* ***some fruit?***	Kaufst du (etwas) Obst?

Any steht in **verneinten Sätzen** oder in **Fragen,** wenn man sich über die **Antwort unsicher** ist:

I haven't *got* ***any fruit.***	Ich habe kein Obst.
Have you *got* ***any pineapples?***	Haben Sie Ananas?

Übung 4

Verneinen Sie die folgenden Sätze. Vergessen Sie dabei nicht, dass man in verneinten Sätzen ***any*** anstelle von ***some*** nimmt.

1. He's buying some fruit.

....

2. They're meeting some friends.

....

3. I'm having some toast.

....

4. She's getting some tickets.

....

5. We're going to the sports centre.

....

6. You're doing the cooking.

....

I'd like

I'd like ist die **Kurzform** für ***I would like*** und entspricht dem Deutschen »Ich hätte gern«:
I'd like fish and chips, please.

Demonstrativpronomen – these, those

Wie bei ***this*** und ***that*** (siehe Lektion 3), deutet ***these*** meistens auf etwas **Näherliegendes** und ***those*** auf etwas **Fernerliegendes**:

How much are those grapes?	Was kosten die Trauben (dort)?
These cornflakes are very good.	Diese Cornflakes (hier) sind sehr gut.

Übung 5

Sie wollen einige Sachen einkaufen.
Was sagen Sie?
Beispiele:
I'd like that bag, please.
I'd like those sandwiches, please.

1. ....
2. ....
3. ....
4. ....
5. ....

1 2 3 4 5

no

no	kein(e)
No fish and chips?	Kein Fisch mit Pommes?
No apples?	Keine Äpfel?

Die **Form** von ***no*** bleibt **immer gleich**, egal ob sich ***no*** auf Singular oder Plural bezieht.

Aufgepasst

spaghetti

Spaghetti wird **nur im Singular** benutzt:

*This **spaghetti is** very good.*	Diese Spaghetti sind sehr gut.

Preise

£3.60	spricht man:	***three pounds sixty***
40p	spricht man:	***forty pence***
1p	spricht man:	***one p (»pi«), one pence, a/one penny***

Beachten Sie, dass Preise sowie Gewichte und Maße, im Gegensatz zum Deutschen, in der **Pluralform** angegeben werden:

*Two pound**s** of apples.*	Zwei **Pfund** Äpfel.

Wie bei *a cup **of** tea* ist auch hier das Wörtchen ***of*** notwendig.

Wortschatz

any *in:* **not any**	kein(e)
apple	Apfel
black grapes	blaue Trauben
busy	beschäftigt
buy	kaufen
clothes	Anziehsachen, Kleider
eat	essen
enjoy	gern machen, genießen
fish and chips	Fisch mit Pommes
food	Essen
fruit	Obst
fun *in:* **it's fun**	es macht Spaß
grape	Traube
home *in:* **at home**	zu Hause
lasagne	Lasagne
like *in:* **I'd like**	ich hätte gern
look forward to	sich freuen auf
no	kein(e)
pineapple	Ananas
pound	Pfund *(454g)*
really	wirklich
shop	einkaufen; Geschäft
shopping *in:* **do the shopping**	einkaufen, Einkäufe machen
some	einige, etwas
spaghetti	Spaghetti
sweet	süß
these	diese *(hier)*
those	diese *(dort)*
today	heute
tonight	heute Abend

Zusatz-wortschatz

Obst und Gemüse

orange	Apfelsine	**cucumber**	Gurke
lemon	Zitrone	**cauliflower**	Blumenkohl
banana	Banane	**cabbage**	Kohl
pear	Birne	**peas**	Erbsen
lettuce	Salat	**beans**	Bohnen
tomato	Tomate	**mushrooms**	Pilze

Währung

Die englische Währung besteht aus folgenden Münzen und Noten:

Münzen: ***1p, 2p, 5p, 10p, 20p, 50p, £1.***
Noten: ***£5, £10, £20, £50.***

Die Münzen sind wie eh und je recht schwer, man sollte sie deshalb schleunigst wieder loswerden. Wundern Sie sich nicht, wenn man Ihre Zwanzigpfundnoten an der Kasse gegen das Licht hält, um ihre Echtheit zu überprüfen: Das ist so üblich. Bei Fünfzigpfundnoten sieht man noch genauer hin, denn sie sind relativ rar – sie werden fast nur von Touristen eingeführt!

Öffnungszeiten

Die Öffnungszeiten von englischen Geschäften sind sehr flexibel. Grundsätzlich sind kleinere Geschäfte von Montag bis Samstag zwischen 9 und 17.30 bzw. 18 Uhr geöffnet. Viele haben jedoch länger geöffnet, und es gibt überall kleinere Supermärkte, die bis spät abends oder auch rund um die Uhr offen bleiben. Die größeren Geschäfte, Warenhäuser und Supermärkte haben meistens von 8 bis 20 Uhr oder noch länger geöffnet, viele auch sonntags von 10 bis 16 Uhr bzw. 11 bis 17 Uhr. Sonntags einkaufen zu gehen ist inzwischen sehr beliebt.

Planning a trip

Stephan: Pass me the newspaper, please, Lucia.
Lucia: Which paper? The *Independent* or the *Oxford Times*?
Stephan: Oh, give me the local paper.
Lucia: Here you are. By the way, I'm going on a trip with some friends tomorrow, Stephan.

Stephan: Oh, are you?
Lucia: Would you like to come?
Stephan: Yes, I'd love to. I'm not doing very much tomorrow. Is Akiro coming, too?

Lucia: No, he isn't going out. He's giving a presentation at school next week.
Stephan: Ah, and Mrs Young is helping him!
Lucia: That's right.
Stephan: That's very kind of her. Where are we meeting your friends?
Lucia: We're meeting them in town, at about nine.
Stephan: And what are we doing so early?
Lucia: We're going to Warwick Castle.
Stephan: Oh, where's that?
Lucia: In Warwick, of course! Look, here's a map of England. Let me show you.

Ausflugspläne

Stephan:	Reich mir bitte die Zeitung rüber, Lucia.
Lucia:	Welche Zeitung? Die *Independent* oder die *Oxford Times*?
Stephan:	Oh, gib mir das Lokalblatt.
Lucia:	Da hast du sie. Übrigens, morgen mache ich mit ein paar Freunden einen Ausflug, Stephan.
Stephan:	Oh, wirklich?
Lucia:	Möchtest du mitkommen?
Stephan:	Ja, liebend gern. Morgen mache ich sowieso nicht viel. Kommt Akiro auch mit?
Lucia:	Nein, er geht nicht aus. Er hält nächste Woche in der Schule ein Referat.
Stephan:	Ah, und Frau Young wird ihm dabei helfen!
Lucia:	Richtig.
Stephan:	Das ist sehr nett von ihr. Wo treffen wir dann deine Freunde?
Lucia:	Wir treffen sie in der Stadt, ungefähr um neun.
Stephan:	Und was machen wir so früh?
Lucia:	Wir fahren zum Schloss Warwick.
Stephan:	Oh, wo ist denn das?
Lucia:	Na, in Warwick natürlich! Schau, hier ist eine Landkarte von England. Ich zeig's dir.

-ing-Form in der Gegenwart mit Zukunftsbedeutung

In der letzten Lektion haben wir die **-ing-Form** in der Gegenwart zur Beschreibung von **gerade ablaufenden** Handlungen kennengelernt.

Diese Form wird auch benutzt, um **Zukünftiges** auszudrücken:

I'm going on a trip tomorrow.	Ich mache morgen einen Ausflug.
He's giving a presentation next week.	Er gibt nächste Woche ein Referat.
We're meeting them in town.	Wir treffen sie in der Stadt.
When are we meeting them?	Wann treffen wir sie?

Hier handelt es sich um **festgelegte Vereinbarungen** oder **Pläne** für die Zukunft. **Oft** erscheint eine **Zeitangabe** ***(tomorrow, next week*** *usw.)* oder ein **Fragewort der Zeit** (z. B. ***when)***, um deutlich zu machen, dass es sich um die Zukunft und nicht die Gegenwart handelt.

Übung 1

Ordnen Sie die folgenden Wortgruppen, damit sie sinnvolle Sätze ergeben.

1. next / his / afternoon / giving / presentation / he's / Monday

....

....

2. on / going / you / tomorrow / are / trip / the ?

....

....

3. week / isn't / she / them / meeting / next ?

....

....

4. having / we / tomorrow / aren't / supper / home / at / evening

....

....

5. weekend / the / shopping / I'm / doing / not / this

....

....

6. with / playing / on / them / tennis / I'm / Friday

....

....

Personalpronomen – Objektform

Die Personalpronomen ***I, you, he, she, it, we*** und ***they*** kennen wir bereits.

Hier nun die **Objektform:**

me	mich, mir
you	dich, dir / Sie, Ihnen
him	ihn, ihm
her	sie, ihr
it	es, ihm / ihn, ihm / sie, ihr
us	uns
you	euch / Sie, Ihnen *(Pl.)*
them	sie, ihnen

*Give **me** the paper, please.*	Gib **mir** bitte die Zeitung.
*Let **me** show **you**.*	Lass es **mich dir** zeigen. / Ich zeig's **dir**.
*We're meeting **them** in town.*	Wir treffen **sie** in der Stadt.

Übung 2

Vervollständigen Sie die Sätze.

1. He'd like the newspaper. Pass .... the paper, please.

2. I'd like the map. Pass .... the map, please.

3. We'd like some spaghetti. Give .... some spaghetti, please.

4. They'd like some milk. Pass .... the milk, please.

5. She'd like some sugar in her tea. Pass .... the sugar, please.

6. I know you like this. Let .... give .... some.

of – kind of ...

Ein weiteres Beispiel für den Gebrauch dieses viel verwendeten kleinen Wörtchens:

*That's very **kind of her.*** Das ist sehr **nett von ihr.**

Ähnlich auch die höfliche Formulierung:

*That's very **kind of you.*** Das ist sehr **nett von Ihnen.**

Fragewort – which?

Which paper?	Welche Zeitung?
Which man?	Welcher Mann?
Which castle?	Welches Schloss?
Which students?	Welche Studenten?

Which fragt nach Personen oder Dingen aus einer **festgelegten Anzahl von Auswahlmöglichkeiten.** Es bleibt in der Form immer gleich.

Übung 3

Welches Wort fehlt?

1. Which .... does he want? (the Oxford bus)

2. Which .... has she got? (the city map)

3. Which .... is he going on? (the trip to London)

4. Which .... is she reading? (the local paper)

5. Which .... are they going to? (Windsor Castle)

Verb – go

Lucia sagt ***We're going to Warwick Castle.*** Das Verb ***go*** kennen wir schon als »gehen«. Es wird aber auch ganz **allgemein** benutzt, um fahren, fliegen, Fahrrad fahren, segeln usw. zu beschreiben, wenn das **Fortbewegungsmittel nicht betont** werden soll, beziehungsweise wenn es klar ist, um welches es sich handelt.

We're going to India kann also heißen, dass man fliegt, mit dem Auto oder dem Schiff fährt oder auch zu Fuß geht.

Would you like (to) ...?

Den Ausdruck ***I'd like*** (»Ich hätte gern« / »Ich möchte«) kennen wir aus der vorhergehenden Lektion, wo Stephan unaufgefordert seinen Wunsch nach italienischem Essen ausgedrückt hat.

Die **Frage**, der er zuvorgekommen war, hätte man eventuell so eingeleitet:

Would you like ...?

Would you like some fruit?	Möchten Sie etwas Obst?
Would you like to come?	Möchtest du mitkommen?

Die **positive Antwort** auf die Frage ***Would you like to ...?*** lautet so:

Yes, I'd like to. ***Yes, I would.***	Ja, gerne!
(Yes,) I'd love to.	Liebend gern!

Would you like to …?
Übersetzen Sie folgende Sätze.

Übung 4

1. Möchten Sie mit uns kommen?

....

....

2. Möchtest du mit ihnen nach Warwick fahren?

....

....

3. Möchten Sie mit mir in die Stadt gehen?

....

....

4. Möchtest du mit ihr Tennis spielen?

....

....

5. Möchten Sie mit ihm gehen?

....

....

Ordnen Sie die nachfolgenden Satzteile zu einem Dialog, indem Sie die entsprechende Zahl in den Kreis setzen.

Übung 5

◯ Thank you.

◯ White, please.

◯ Yes, I'd like some grapes, please.

◯ Here you are.

◯ Would you like some fruit?

◯ Which grapes – black or white?

Wortschatz

about	ungefähr	**me**	mich, mir
castle	Schloss	**newspaper**	Zeitung
do	machen	**next week**	nächste Woche
give	geben	**pass**	reichen
go out	ausgehen	**plan**	planen
help	helfen	**presentation**	Referat
her	sie, ihr	**show**	zeigen
him	ihn, ihm	**them**	sie *(Pl.)*, ihnen
kind	nett, liebenswürdig	**tomorrow**	morgen
local paper	Lokalblatt	**trip**	Ausflug
love *in:*		**week**	Woche
I'd love to	liebend gern		
map	*(Land)*Karte		

Zeitungen

In Großbritannien gibt es traditionell eine rege Nationalpresse mit einem breiten Spektrum an Tages- sowie Sonntagszeitungen. Sie lassen sich grob in zwei Kategorien einteilen: Die ***tabloids*** (z. B. ***Sun, Daily Mirror, Daily Mail***) bilden die Boulevard- und Sensationspresse, während die sogenannten ***quality papers*** (***Times, Independent, Daily Telegraph*** und ***Guardian***) seriöser sind. Die Sonntagsausgaben der meisten Zeitungen erscheinen mit einer Vielzahl verschiedener Beilagen.

Falls Sie Ihr Englisch einmal mithilfe einer Zeitung verbessern wollen, empfehlen wir den sanfteren Einstieg mit einer der ***tabloid***-Zeitungen (z. B. ***Daily Mail***).

A day out

Stephan:	So where are your friends?
Lucia:	I can't see them. Oh, look! There they are – they're getting out of that taxi.

Claudine:	Sorry we're late.
Lucia:	Never mind. You don't usually arrive late.
Marielle:	No, we usually arrive early. But we're glad you're still waiting for us.
Lucia:	Stephan, meet Claudine and Marielle. They come from Bordeaux and they're staying at Headington Hostel.
Claudine:	Hello.
Marielle:	Hi.
Stephan:	Hello! I'm Stephan from Munich.
Lucia:	Come on. Let's get on the bus – it's just leaving.

(On the bus)

Stephan:	Do you like the hostel, Marielle?
Marielle:	Yes, I do. The people are very friendly.
Claudine:	That's true, but I hate the food.
Stephan:	We always have wonderful meals in our house!
Lucia:	Oh, yes, the Youngs look after us. And I'm looking after you today.
Claudine:	Oh, great! You've got some crisps – and some chocolate!
Marielle:	Claudine doesn't like hostel food, but she loves junk food …

Ein Tagesausflug

Stephan:	Wo sind also nun deine Freunde?
Lucia:	Ich kann sie nicht sehen. Oh, guck mal! Da sind sie ja – sie steigen gerade aus dem Taxi dort.
Claudine:	Tut uns leid, dass wir uns verspätet haben.
Lucia:	Macht nichts. Ihr kommt ja normalerweise nicht zu spät.
Marielle:	Nein, normalerweise sind wir frühzeitig da. Aber wir sind froh, dass ihr noch auf uns wartet.
Lucia:	Stephan, das sind Claudine and Marielle. Sie kommen aus Bordeaux und wohnen im Studentenheim Headington.
Claudine:	Hallo.
Marielle:	Hi.
Stephan:	Hallo! Ich bin der Stephan aus München.
Lucia:	Kommt schon! Steigen wir in den Bus ein – er ist dabei, abzufahren.

(Im Bus)

Stephan:	Gefällt dir das Studentenheim, Marielle?
Marielle:	Ja! Die Leute sind sehr nett.
Claudine:	Das stimmt, aber ich hasse das Essen.
Stephan:	Wir haben immer wunderbares Essen bei uns zu Hause!
Lucia:	Oh, ja, die Youngs kümmern sich um uns. Und heute kümmere ich mich um euch.
Claudine:	Oh, fantastisch! Du hast Kartoffelchips – und Schokolade!
Marielle:	Claudine mag zwar das Essen im Studentenheim nicht, aber sie liebt Junkfood …

Übung 1

Welches Wort passt nicht?

1. I – we – he – us

2. who – whose – white – where

3. Monday – today – Wednesday – Tuesday

4. at – from – lot – on

5. bus – coach – plane – journey

6. food – hostel – house – school

7. usually – hungry – often – always

8. glad – happy – sorry – late

Einfache Gegenwart und -ing-Form in der Gegenwart

In Lektion 6 haben wir gelernt, dass die **einfache Gegenwart wiederkehrende** Handlungen beschreibt.

Diese Form wird ebenfalls verwendet, wenn es um **allgemeine Tatsachen** geht:

They come from Bordeaux.	Sie kommen aus Bordeaux.
She looks after us.	Sie kümmert sich um uns.
You meet a lot of people.	Man lernt viele Leute kennen.

Auch **Verben** der **Wahrnehmung** und solche mit **emotionalem Gehalt** findet man meistens in der einfachen Gegenwart:

I hate fruit.	Ich hasse Obst.
She loves junk food.	Sie liebt Junkfood.
I know them.	Ich kenne sie.

Hier eine Liste der geläufigeren Verben, die meistens in der einfachen Gegenwart erscheinen:

like	mögen	***understand***	verstehen
love	lieben	***think***	meinen
hate	hassen	***believe***	glauben
want	wollen	***mean***	bedeuten
wish	wünschen	***cost***	kosten
prefer	bevorzugen	***need***	brauchen
know	wissen		

▶

Die **-ing-Form in der Gegenwart**, wie wir in Lektion 9 festgestellt haben, beschreibt **gerade ablaufende** beziehungsweise **vorübergehende** Handlungen.

Bevor wir uns den Unterschied zwischen den beiden Gegenwartsformen näher ansehen, hier die zwei Regeln noch einmal in Kürze:

- **einfache Gegenwart: wiederkehrende, gewohnheitsmäßige Handlungen, allgemeine Tatsachen**
- **-ing-Form in der Gegenwart: gerade ablaufende, vorübergehende Handlungen**

Sehen Sie sich nun dazu folgende Abschnitte aus dem Text an:

They come from Bordeaux and they're staying at Headington Hostel.

*they **come** from Bordeaux:*	allgemeine Tatsache → einfache Gegenwart
*they**'re staying** at Headington Hostel:*	vorübergehende Handlung → **-ing-Form** in der Gegenwart

The Youngs look after us. And I'm looking after you today.

*the Youngs **look after** us:*	allgemeine Tatsache → einfache Gegenwart
***I'm looking after** you today:*	momentane / vorübergehende Handlung → **-ing-Form** in der Gegenwart

Übung 2

Vervollständigen Sie die folgenden Sätze und vergleichen Sie dabei die momentane Handlung mit der gewohnheitsmäßigen.

1. Today they're coming home early. They

.... (usually, get back) very late.

2. She normally stays in a hotel, but this time she

.... (stay) in a hostel.

3. On Mondays we often have fish and chips, but tonight we

.... (cook) lasagne.

4. I'm leaving at nine this morning. I ....
(normally, get) the early train.

Übung 3

Wie lauten die Fragen?

1. She's leaving. – When ....?
2. She hates her room. – Why ....?
3. They're going on a trip. – Where ....?
4. They want to meet their friends. –

   Where ....?
5. We're cooking the meal. – What ....?
6. I think she's great. – Who ....?
7. I'm working late. – Why ....?

Übung 4

Lesen Sie den Text von Lektion 11 noch einmal durch und berichtigen Sie folgende Aussagen.

Beispiel: ***They're getting out of a coach.***
Antwort: ***No, they aren't. They're getting out of a taxi.***

1. Claudine and Marielle come from Paris.

   ....
2. They're staying at a hotel.

   ....
3. They're early.

   ....
4. They usually arrive late.

   ....
5. Claudine likes the hostel food.

   ....
6. Lucia is giving her friends cornflakes.

   ....

Wortschatz

arrive	ankommen
chocolate	Schokolade
crisps	Kartoffelchips
day *in:* **a day out**	ein Tagesausflug
friendly	nett, freundlich
get on	einsteigen (in)
get out of	aussteigen aus
glad	froh
great	großartig, fantastisch
hate	hassen
hostel	(*Studenten*) Wohnheim
junk food	Junkfood (*wertlose Industrienahrung*)
just	gerade, soeben
look after	sich kümmern um
never mind	macht nichts
stay	wohnen, übernachten
still	noch
taxi	Taxi
wait for	warten auf
wonderful	wunderbar

Taxi

Die bekanntesten und bequemsten Taxis sind die sogenannten ***black cabs,*** die es in London und anderen Großstädten gibt. Früher einheitlich schwarz, erscheinen sie heute auch in anderen Farben und mit auffälliger Werbung auf der Karosserie. In London sollte man sein Ziel vor dem Einsteigen bekannt geben, denn die Hauptstadt ist nicht gerade klein, und nicht jeder Taxifahrer möchte kurz vor Feierabend unbedingt in ein entlegenes Stadtviertel fahren.

Um die Lizenz zum Fahren eines der Londoner ***black cabs*** zu erwerben, muss sich der angehende Taxifahrer jahrelang intensiv vorbereiten, indem er zu Fuß und mit dem Fahrrad oder Motorrad jede Straßenecke in der Metropole auskundschaftet. Besteht er die äußerst strenge Prüfung, hat er ***the knowledge*** (»das Wissen / die Kenntnisse«) errungen und darf sich dann durch den dichten Londoner Straßenverkehr schlagen und sein tägliches Brot verdienen.

At Warwick Castle

Stephan: What a big castle!
Lucia: Yes, isn't it lovely!
Claudine: It looks very old.
Marielle: What does it say in the guidebook?
Lucia: Let me see … it says it's over a thousand years old.

Stephan: Look, they do a guided tour every twenty minutes.
Claudine: Oh, they're boring.
Marielle: No, they're often interesting with very useful information.
Claudine: Well, I don't want to go on a guided tour. Lucia can tell us about the castle.
Lucia: Right, there's an art gallery with portraits, there are rooms full of antique furniture, there are wax figures by Madame Tussaud's …
Claudine: That's for children.

Stephan:	Is there a torture chamber?
Lucia:	Actually, there are two of them.
Stephan:	Full of mice and rats?
Claudine:	How awful!
Marielle:	Yes, they sound horrible to me.
Stephan:	Okay, let's have a look round outside.
	…
Marielle:	This is fascinating, but all this sightseeing is making me tired.
Claudine:	And it's making me hungry!
Stephan:	And my feet are hurting!
Lucia:	Well, there's a tearoom near here. Let's go and have a cream tea.
Claudine:	A cream tea – that sounds fantastic!
Stephan:	Claudine, I think you've got a sweet tooth!

Im Schloss zu Warwick

Stephan:	Was für ein großes Schloss!
Lucia:	Ja, das ist aber schön!
Claudine:	Es sieht sehr alt aus.
Marielle:	Was steht denn im Fremdenführer?
Lucia:	Lass mal sehen … da steht, es ist über tausend Jahre alt.
Stephan:	Schau, es gibt alle zwanzig Minuten eine Führung.
Claudine:	Oh, die sind langweilig.
Marielle:	Nein, sie sind oft interessant, mit sehr nützlichen Informationen.
Claudine:	Tja, ich möchte keine Führung mitmachen. Lucia kann uns etwas über das Schloss erzählen.
Lucia:	Also, es gibt da eine Gemäldegalerie mit Porträts, es gibt Räume voller Antikmöbel, es gibt Wachsfiguren von Madame Tussaud's …
Claudine:	Das ist ja für Kinder.
Stephan:	Gibt es eine Folterkammer?
Lucia:	Ja, es gibt sogar zwei.
Stephan:	Voller Mäuse und Ratten?
Claudine:	Wie schrecklich!

Marielle:	Ja, das hört sich für mich furchtbar an.
Stephan:	Okay, schauen wir uns doch mal draußen um.
	…
Marielle:	Das ist ja faszinierend, aber all diese Besichtigungen machen mich müde.
Claudine:	Und sie machen mich hungrig!
Stephan:	Und meine Füße tun mir weh!
Lucia:	Nun, es gibt eine Teestube in der Nähe. Gehen wir doch hin und nehmen einen Cream Tea zu uns.
Claudine:	Einen Cream Tea – das hört sich ja fantastisch an!
Stephan:	Claudine, ich glaube, du bist eine Naschkatze (*»du hast einen süßen Zahn«*)!

there is, there are

Diese zwei Ausdrücke entsprechen dem Deutschen »Es gibt …«, wobei ***there is*** meistens zu ***there's*** gekürzt wird. Ausnahmsweise muss man hier im Englischen – im Gegensatz zum Deutschen – zwischen **Singular** und **Plural unterscheiden:**

There's *an art gallery.*	**Es gibt** eine Gemäldegalerie.
There are *wax figures.*	**Es gibt** Wachsfiguren.

Übung 1

Setzen Sie *they're* (»sie sind«) beziehungsweise *there are* (»es gibt«) ein.

1. Look – …………… women, not men.

2. …………… some grapes on the table. …………… very sweet.

3. …………… rats and mice in the torture chamber. …………… horrible!

4. …………… wax figures, not people. …………… fascinating.

5. …………… lots of interesting portraits in the gallery.

6. I think …………… boring!

Ausrufe

Es gibt verschiedene Möglichkeiten, auf Englisch Staunen, Bewunderung, Ekel usw. auszudrücken.

Hier eine Auswahl:

What a big castle!	Was für ein großes Schloss!
What nice people.	Was für nette Leute!
Isn't it lovely!	Ist es nicht schön!
How awful! / How terrible!	Wie schrecklich!

Verb + Adjektiv

Im Text erscheinen einige Verben, denen ein Adjektiv folgt:

It ***looks*** *very* ***old.***	Es sieht sehr alt aus.
That ***sounds fantastic.***	Das hört sich fantastisch an.

Den Verben, die durch ***be*** ersetzt werden können, folgt ein Adjektiv und nicht ein Adverb (dazu später mehr):

She ***looks nice.***	Sie sieht nett aus.
She ***sounds nice.***	Sie klingt nett.
She ***is nice.***	Sie ist nett.

let's

Let's ist die Kurzform für ***let us*** und bedeutet »lasst uns«. Es wird bei Vorschlägen, die alle Anwesenden mit einschließen, gebraucht:

Let's do a guided tour.	Lasst uns eine Führung mitmachen.
Let's go.	Lasst uns gehen. / Gehen wir.

Unregelmäßige Pluralformen

Nicht immer kann man einfach ein **-s** an ein Substantiv anhängen, um den Plural zu bilden, wie wir schon bei ***men*** (Plural von ***man)*** und ***women*** (Plural von ***woman)*** gesehen haben:
Ein **-y nach** einem **Konsonanten (d, g, f, p** *usw.*) wird im Plural zu **-ies**:

*galler**y***	*galler**ies***	Galerie, Galerien
*lad**y***	*lad**ies***	Dame, Damen

Substantive auf **-s**, **-ss**, **-sh**, **-ch** oder **-x** bilden den Plural durch Anhängen von **-es**:

*bu**s***	*bus**es***	Bus, Busse
*sandwi**ch***	*sandwich**es***	Sandwich, Sandwiches
*fa**x***	*fax**es***	Fax, Faxe

Hier noch einige wichtige **unregelmäßige** Pluralformen:

child	***children***	Kind, Kinder
tooth	***teeth***	Zahn, Zähne
foot	***feet***	Fuß, Füße
mouse	***mice***	Maus, Mäuse

Wörter ohne Plural

Dann gibt es solche Wörter, die gar keine Pluralform haben:

furniture	Möbel
information	Information, Informationen
advice	Rat(schlag), Ratschläge
news	Nachricht, Nachrichten
*This **information is** very interesting.*	Diese Informationen **sind** sehr interessant.

Da diese Wörter **nicht zählbar** sind, kann man den unbestimmten Artikel ***a / an*** **nicht benutzen,** sondern muss auf Formulierungen wie folgende ausweichen:

*Let me give you **some advice** / **a piece of advice**.*	Lassen Sie mich Ihnen einen Rat geben.
*There was an interesting **news item** / **piece of news** in the paper.*	Es gab eine interessante Nachricht in der Zeitung.
*I'd like **some** antique **furniture.***	Ich hätte gern antike Möbel.

Übung 2

Setzen Sie die richtige Form in die Lücke ein: *-'s* oder *are*.

1. Look, there .... some lovely antique furniture in the castle.

2. Yes, and there .... horrible wax figures, too.

3. There .... a lot of people in the portrait gallery.

4. Every twenty minutes there .... a guided tour.

5. There .... a lot of information in the guidebook.

6. There .... torture chambers.

7. Yes, I know. There .... two of them.

8. I'm glad there .... time for a guided tour.

Übung 3

Streichen Sie ***a*** beziehungsweise ***an***, wo es nicht hingehört.

1. What an interesting information!

2. What a lovely castle!

3. What an awful advice!

4. What a fascinating tour!

5. What a nice antique furniture!

6. What a terrible room!

Übung 4

Welches Adjektiv passt am besten?

1. This information is very *kind / useful / nice.*

2. It's a *single / big / heavy* castle.

3. Thank you. That's *good / true / lucky* advice.

4. The guided tour is *tired / boring / busy.*

5. What a *happy / horrible / hungry* torture chamber.

6. Here's some *careful / interesting / antique* news.

Übung 5

Setzen Sie die richtige Form von ***look*** beziehungsweise ***sound*** ein.

1. The news is good. It .... very interesting.

2. Those clothes are terrible. They .... awful.

3. His advice isn't good. It doesn't .... very useful.

4. Those people .... boring and they .... boring, too.

5. The information about the torture chamber .... fascinating.

Wortschatz

about	über, von	**look**	aussehen
antique	antik	**make**	machen
art gallery	Gemäldegalerie	**mice** *(Pl.)*	Mäuse
awful	furchtbar	**near**	in der Nähe von
boring	langweilig	**old**	alt
by	von	**over**	über
children	Kinder	**portrait**	Porträt
cream tea	Cream Tea	**rat**	Ratte
every	jede(r, -s)	**right**	also
fantastic	fantastisch	**say**	sagen
fascinating	faszinierend	**sightseeing**	Besichtigung(en)
feet	Füße	**sound**	sich anhören, klingen
furniture	Möbel	**tearoom**	Teestube
go on a guided tour	eine Führung mitmachen	**tell**	sagen, erzählen
guidebook	Fremdenführer	**tooth**	Zahn
guided tour	Führung	**torture chamber**	Folterkammer
have a look round	sich umsehen	**useful**	nützlich
horrible	furchtbar	**wax figure**	Wachsfigur
hurt	wehtun	**what a …**	was für ein(e) …
information	Information(en)	**year**	Jahr
interesting	interessant		

Herrschaftliche Güter

In Großbritannien gibt es eine Unzahl von Schlössern und ***country houses*** (Landhäusern) aus verschiedenen Epochen, die man besuchen kann und die einen faszinierenden Einblick in die britische Vergangenheit bieten. Immer mehr herrschaftliche Familien, durch Erbschaftssteuern verarmt, sehen sich gezwungen, sich auf einen Teil ihres Anwesens zurückzuziehen und den übrigen Teil gegen staatliche Zuschüsse beziehungsweise Eintrittsgelder der Öffentlichkeit zugänglich zu machen, um dadurch den Besitz in der Familie zu bewahren.

Manche Schlösser, wie zum Beispiel Warwick Castle, bieten historische Aufführungen an, in denen das farbige Leben und Treiben früherer Jahrhunderte auf sehr plastische Weise dargestellt werden.

Test 2

1 Entscheiden Sie sich für eine der beiden Lösungen. Springen Sie dann zu dem durch die Nummer bezeichneten Feld.

2 He … forget things.

doesn't ➪ 8
don't ➪ 15

6 Falsch!

Wieder zurück zu Nummer 8.

7 Falsch!

Wieder zurück zu Nummer 4.

11 Falsch!

Wieder zurück zu Nummer 29.

12 Sehr gut, weiter: What … information!

interesting ➪ 16
an interesting ➪ 24

16 Gut, weiter: That's … advice.

good ➪ 22
a good ➪ 18

17 Falsch!

Wieder zurück zu Nummer 22.

21 Falsch!

Wieder zurück zu Nummer 13.

22 Richtig! She'd like … sugar, please.

a ➪ 17
some ➪ 19

26 Falsch!

Wieder zurück zu Nummer 30.

27 Gut, weiter: The news … fascinating.

are ➪ 23
is ➪ 12

3 Falsch!

Wieder zurück zu Nummer 5.

4 Gut, weiter: He … from Paris.

comes ➪ 20
is coming ➪ 7

5 Richtig, weiter: I … them next week.

meet ➪ 3
'm meeting ➪ 13

8 Richtig, weiter: I … know.

doesn't ➪ 6
don't ➪ 25

9 Falsch!

Wieder zurück zu Nummer 25.

10 Falsch!

Wieder zurück zu Nummer 14.

13 Richtig, weiter: … on Saturdays?

Are we playing ➪ 21
Do we play ➪ 29

14 Sehr gut, weiter: Why … she like it?

don't ➪ 10
doesn't ➪ 30

15 Falsch!

Wieder zurück zu Nummer 2.

18 Falsch!

Wieder zurück zu Nummer 16.

19 Richtig!

Ende der Übung.

20 Prima, weiter: She … now.

's getting up ➪ 5
gets ➪ 28

23 Falsch!

Wieder zurück zu Nummer 27.

24 Falsch!

Wieder zurück zu Nummer 12.

25 Sehr gut, weiter: What … they want?

do ➪ 14
does ➪ 9

28 Falsch!

Wieder zurück zu Nummer 20.

29 Prima, weiter: We … supper there tomorrow.

don't have ➪ 11
aren't having ➪ 27

30 Richtig, weiter: … town does he come from?

Whose ➪ 26
Which ➪ 4

13 In the tearoom

Claudine:	Have you ordered yet?
Lucia:	Yes, I've just ordered four cream teas.
Stephan:	And she's asked for lots of cream for you.
Claudine:	Has she asked for lots of jam, too?
Marielle:	Yes, and some extra scones. Now sit down.
	…
Lucia:	It's nice and quiet in here.
Stephan:	Yes, there aren't so many tourists.
Claudine:	Have you ever had a cream tea, Stephan?
Stephan:	I've never been to a tearoom before, so this is the first time.
Marielle:	Mm, it tastes delicious!
Lucia:	Is there any more tea?
Claudine:	Yes, but there isn't much milk.
Marielle:	Stephan has used all the milk.
Lucia:	Yes, he's a real Englishman now – he puts milk in his tea.
	…
Stephan:	Oh dear, I've had too many scones.
Lucia:	And I've had too much tea.
Marielle:	I think we've all had too much to eat.
Lucia:	And there are still a lot of things to do in Warwick.

In der Teestube

Claudine:	Hast du schon bestellt?
Lucia:	Ja, ich habe gerade vier Cream Teas bestellt.
Stephan:	Und sie hat für dich um viel Sahne gebeten.
Claudine:	Hat sie auch um viel Marmelade gebeten?
Marielle:	Ja, und um einige Scones extra. Jetzt setz dich hin.
	…
Lucia:	Hier ist es schön ruhig.
Stephan:	Ja, da sind nicht so viele Touristen.
Claudine:	Hast du jemals einen Cream Tea zu dir genommen, Stephan?
Stephan:	Ich bin noch nie in einer Teestube gewesen, das ist also das erste Mal.
Marielle:	Hm, es schmeckt ja lecker!
Lucia:	Gibt es noch etwas Tee?
Claudine:	Ja, aber es ist nicht mehr viel Milch übrig.
Marielle:	Stephan hat die ganze Milch aufgebraucht.
Lucia:	Ja, jetzt ist er ein echter Engländer – er gibt Milch in seinen Tee.
	…
Stephan:	Ach Gott, ich habe zu viele Scones gegessen.
Lucia:	Und ich habe zu viel Tee getrunken.
Marielle:	Ich glaube, wir haben alle zu viel gegessen.
Lucia:	Und es gibt noch eine Menge zu tun in Warwick.

Bildung des Present Perfect

Das sogenannte Present Perfect wird mit dem **Hilfsverb *have*** beziehungsweise seinen **Kurzformen *-'ve*** und ***-'s*** und dem **Vergangenheitspartizip** gebildet. Die **regelmäßige** Form des Vergangenheitspartizips endet auf **-ed:**

*ask – ask**ed***	fragen
*order – order**ed***	bestellen
*play – play**ed***	spielen
*use – us**ed***	aufbrauchen

Ein Beispiel mit allen Personen:

I've played	ich habe gespielt *usw.*
*you**'ve played***	
*he**'s** / she**'s** / it**'s played***	

▶

*we***'ve played**
*you***'ve played**
*they***'ve played**

Es gibt aber eine Menge **unregelmäßiger** Formen, die man sich merken muss, zum Beispiel:

be – been	sein
have – had	haben
eat – eaten	essen

I've eaten ich habe gegessen *usw.*
*you***'ve eaten**
*he***'s** */ she***'s** */ it***'s eaten**
*we***'ve eaten**
*you***'ve eaten**
*they***'ve eaten**

Eine Liste der Grundformen der häufigsten unregelmäßigen Verben finden Sie auf den Seiten 265–266 im Anhang dieses Buches.

Present Perfect – Verneinung

I ***haven't eaten*** ich habe nicht gegessen *usw.*
you ***haven't eaten***
he / she / it ***hasn't eaten***
we ***haven't eaten***
you ***haven't eaten***
they ***haven't eaten***

Present Perfect – Frageform

have *I* ***eaten?*** habe ich gegessen? *usw.*
have *you* ***eaten?***
has *he / she / it* ***eaten?***
have *we* ***eaten?***
have *you* ***eaten?***
have *they* ***eaten?***

Übung 1

Vervollständigen Sie das Present Perfect.

1. She hasn't ordered lunch, she .... (order) four cream teas.

2. She's asked for lots of cream, but she .... (not, ask) for more jam.

3. We haven't ordered coffee, we .... (ask) for tea.

4. They've ordered scones, but they .... (not, ask) for sandwiches.

5. .... (you, ask) for lots of jam?

6. .... (he, order) any more tea?

Gebrauch des Present Perfect

■ Das Present Perfect (wortwörtlich »Gegenwartsperfekt«) bezeichnet – worauf der Name schon hindeutet – Handlungen in der **Vergangenheit**, die eine **Brücke zur Gegenwart** bilden. Dazu gehören:

■ Handlungen, die **gerade abgeschlossen** wurden und deren **Auswirkungen in der Gegenwart noch aktuell** sind:

I've ordered some tea. Ich habe Tee bestellt.
We've eaten too much. Wir haben zu viel gegessen.

Im letzten Satz sind die Auswirkungen des »Gegessen-habens« noch deutlich zu spüren!

■ Handlungen, bei denen man im Deutschen oft »**bisher**« oder »**bis zu diesem Augenblick**« sagen könnte:

Have you been to London? Bist du (bisher jemals) in London gewesen? ▶

I've never had a cream tea.	Ich habe (bisher) noch nie einen Cream Tea zu mir genommen.

■ Eine Reihe von **Zeitadverbien** signalisieren oft den Gebrauch des Present Perfect:

so far	bis jetzt
up to now	bis jetzt
yet	bisher, schon *(in Frage und Verneinung)*
already	schon, bereits
ever	jemals
never	nie(mals)
before	schon einmal
never before	noch nie
just	gerade, soeben

■ Sie können sich diese Ausdrücke besser merken, wenn Sie an das Wort ***jeanby*** denken:
__j__ust, __e__ver, __a__lready, __n__ever, __b__efore, __y__et

Dabei steht ***yet*** (»bisher«) auch für ***so far*** und ***up to now.*** Die zwei Endbuchstaben **b** und **y** stehen passenderweise auch für die zwei Adverbien, die am **Ende des Satzes** erscheinen:

*Have you been to Warwick **before?***	Warst du schon einmal in Warwick?
*I haven't finished my tea **yet.***	Ich habe meinen Tee noch nicht ausgetrunken.

Vergleichen Sie dazu die **Mittelstellung** der anderen Zeitadverbien:

*Have you **ever** had a cream tea?*	Hast du jemals einen Cream Tea zu dir genommen?
*I've **never** been to a tearoom.*	Ich bin noch nie in einer Teestube gewesen.

Übung 2

Have / Has … ever … ?

Wie lauten die Fragen auf die gegebenen Antworten?

1. ....

– No, I've never played golf.

2. ....

– Yes, they have often looked after our children.

3. ....

– Yes, he has. He often cooks spaghetti.

4. ....

– No, she has never eaten Japanese food.

5. ....

– Yes, often. We use computers at work.

6. ....

– Yes, I've been to the Ritz for tea twice.

Verb + Adjektiv

Beachten Sie nochmals die Verb + Adjektiv-Konstruktion, wie wir sie in der letzten Lektion beschrieben haben:
It tastes delicious. Es schmeckt lecker.

Übung 3

Ordnen Sie die folgenden Wortgruppen, um sinnvolle Sätze zu bilden.

1. yet / you / tea / your / had / have ?

....

2. eaten / yes / just / I've / scones / of / lots / thanks

....

3. never / been / we / have / full / so

....

4. the / has / all / Claudine / already / used / jam

....

5. has / looked / ever / happy / before / Stephan / so ?

....

a lot of – lots of – much – many

Diese Ausdrücke werden gebraucht, um »**viel**« beziehungsweise »**viele**« zu bezeichnen.

Lots of beziehungsweise ***a lot of*** wird in **normalen Aussagesätzen** gebraucht:

*I've ordered **lots of** cream.*	Ich habe viel Sahne bestellt.
*There are **a lot of** things to do.*	Es gibt viele Dinge zu tun.

Much wird beim **Singular** in **verneinten Sätzen** und **Fragen** benutzt sowie nach ***so, as, too, very*** und ***how:***

*There **isn't much** milk.*	Es ist nicht viel Milch übrig.
***Is** there **much** to see?*	Gibt es viel zu sehen?
*I've had **too much** tea.*	Ich habe zu viel Tee getrunken.

Many wird beim **Plural** in **verneinten Sätzen** und **Fragen** benutzt sowie nach ***so, as, too, very*** und ***how:***

*There **aren't many** tourist**s**.*	Es sind nicht viele Touristen da.
Have** you seen **many** castle**s?	Hast du schon viele Schlösser gesehen?
*I've had **so many** scone**s**.*	Ich habe so viele Scones gegessen.

Anstelle von ***much*** und ***many*** wird oft das etwas umgangssprachlichere ***a lot of*** beziehungsweise ***lots of*** verwendet, jedoch **nicht nach *so, as, too, very*** und ***how.***

Much oder **many?**

Übung 4

1. I've eaten too .... scones.
2. There isn't .... milk.
3. We've ordered too .... tea.
4. There aren't very .... tourists in town.
5. Have you seen .... interesting things?
6. Well, I haven't really had so .... to eat!

Ersetzen Sie ***a lot of / lots of*** durch ***much*** oder ***many.***

Übung 5

1. She hasn't got a lot of time. ....
2. Have they eaten lots of sandwiches? ....
3. There aren't a lot of people in the tea-room. ....
4. We haven't been to a lot of castles. ....
5. Have you got lots of change? ....

Is there any more ...? / There isn't any more ...

Any more drückt in einer **Frage** »**noch mehr**« beziehungsweise »**noch etwas**« aus:

Is *there* ***any more*** *tea?* Gibt es noch etwas Tee?

In der **Verneinung** heißt es »**kein(e, -en) mehr**«:

*There is**n't any more*** *milk.* Es ist keine Milch mehr da.

Wortschatz

a lot of	viel(e)	**much** *in:*	
any more ...?	noch mehr / etwas ...?	**too much**	zu viel
ask for	bitten um	**never**	nie
delicious	lecker	**order**	bestellen
Englishman	Engländer	**put something in**	etwas hineintun
ever	je(mals)	**quiet**	ruhig
jam	Marmelade	**real**	echt
lots of	viel(e)	**scone**	Scone *(Teegebäck)*
many	viele	**taste**	schmecken
many *in:*		**time** *in:* **the**	
so many	so viele	**first time**	das erste Mal
many *in:*		**tourist**	Tourist
too many	zu viele	**use**	auf-, verbrauchen
much	viel	**yet** *(in Fragen)*	schon
much *in:*			
not much	nicht viel		

Tea

Das Nationalgetränk ist in Großbritannien nach wie vor der Tee. Er wird relativ stark gebraut und mit Milch getrunken und ist das Erfrischungs- und Trostgetränk für alle Situationen und Krisen. Kaffee in allerlei Varianten erfreut sich zunehmender Beliebtheit.

Auf einem Großbritannienbesuch sollte man sich trotz Kalorien wenigstens einmal einen ***cream tea*** gönnen, den es in vielen Teestuben und in größeren Hotels gibt. Er besteht aus ***scones*** (kleine runde Hafermehlkuchen), die mit Butter oder ***clotted cream*** (extra dicke Sahne) und (meist Erdbeer-)Marmelade gegessen werden.

Afternoon tea kann auch etwas größere Ausmaße annehmen, wenn es zum Beispiel mit Sandwiches beginnt und es neben den ***scones*** auch noch allerlei andere Gebäcksorten zum Tee gibt.

Shopping for souvenirs

Claudine: Lucia, how long have you known Stephan?
Lucia: Not for very long. In fact, only since last Sunday.
Claudine: Oh, really? You've only known him for a week? He seems very nice.
Lucia: Yes, I like him. We've had a lot of fun together.
…
Stephan: How long have you been in Oxford, Marielle?
Marielle: I've been here since March.
Stephan: I've only been here for a week, but so much has happened.
Marielle: Have you been to Britain before?
Stephan: No, I haven't. But I'm really enjoying it.
Marielle: What have you bought?
Stephan: Oh, it's a little present for Lucia to say thank you.
Marielle: Oh, no! Claudine has knocked something over.
…

Claudine: What have I done? Oh, my goodness!
Lucia: Never mind. It's only a cheap glass ashtray.
Claudine: I'm really sorry. How much is it?
Lady: Don't worry, dear. We haven't sold any of them for years, anyway. People don't smoke anymore.

Souvenirs kaufen

Claudine:	Lucia, wie lange kennst du schon Stephan?
Lucia:	Nicht sehr lange. Eigentlich erst seit letzten Sonntag.
Claudine:	Oh, wirklich? Du kennst ihn erst seit einer Woche? Er scheint sehr nett zu sein.
Lucia:	Ja, ich kann ihn gut leiden. Wir haben schon viel Spaß zusammen gehabt.
	...
Stephan:	Wie lange bist du schon in Oxford, Marielle?
Marielle:	Ich bin seit März hier.
Stephan:	Ich bin erst seit einer Woche hier, aber es ist schon so viel passiert.
Marielle:	Bist du schon einmal in Großbritannien gewesen?
Stephan:	Nein. Aber mir gefällt es hier wirklich gut.
Marielle:	Was hast du gekauft?
Stephan:	Oh, das ist ein kleines Geschenk für Lucia als Dankeschön.
Marielle:	Oh, nein! Claudine hat etwas umgestoßen.
	...
Claudine:	Was hab ich bloß getan! Ach, du meine Güte!
Lucia:	Macht nichts. Es ist ja nur ein billiger Glasaschenbecher.
Claudine:	Es tut mir wirklich leid. Wie viel kostet das?
Dame:	Machen Sie sich keine Sorgen. Wir haben sowieso schon seit Jahren keine mehr davon verkauft. Die Leute rauchen nicht mehr.

Zeitadverbien – for, since

Das Present Perfect wird häufig mit den Zeitadverbien ***for*** und ***since*** verwendet. Beide haben die Bedeutung »seit«. Wann aber nimmt man ***for*** und wann ***since?***

For wird zur Bezeichnung eines **Zeitraums** verwendet, und zwar meistens in Verbindung mit folgenden Konstruktionen:

a / an + **Zeitangabe:**

I've known him ***for a week.***	Ich kenne ihn seit einer Woche.

Zeitangabe im Plural (-s):

We haven't sold any ***for years.***	Wir haben seit Jahren keine verkauft.

Since wird zur Bezeichnung eines **Zeitpunkts** verwendet. Als Merkhilfe denken Sie an den **Punkt** auf dem »**i**«!

I've known him ***since Sunday.***	Ich kenne ihn seit Sonntag.
We've been here ***since March.***	Wir sind seit März hier.
He's lived here ***since 1996.***	Er wohnt seit 1996 hier.

Übung 1

For **oder** ***since?***

1. She's known them .... a long time.
2. They've been in England .... January.
3. He's had the dog .... six months.
4. They haven't sold any of them .... last year.
5. It hasn't happened .... weeks.

Übung 2

Übersetzen Sie.

1. Ich bin seit fünf Uhr hier.

   ....

2. Sie kennen uns seit Monaten.

   ....

3. Wir haben das Haus seit 1990.

   ....

4. Kennst du ihn seit langem?

   ....

5. Sie leben seit zwanzig Jahren in Oxford.

   ....

6. Er ist seit zehn Minuten im Laden.

   ....

Monatsnamen

Beim Lernen der Monatsnamen haben Sie es relativ leicht, denn die meisten sind auf Englisch und Deutsch sehr ähnlich:

January	Januar	***July***	Juli
February	Februar	***August***	August
March	März	***September***	September
April	April	***October***	Oktober
May	Mai	***November***	November
June	Juni	***December***	Dezember

■ Beachten Sie, dass, im Gegensatz zum Deutschen, bei den Monatsnamen **nicht** der **bestimmte Artikel** erscheint:

***February** is a cold month.*	**Der** Februar ist ein kalter Monat.
*He's coming **in September.***	Er kommt **im** September.

Ordnungszahlen 11th – 1,000,000th

Damit Sie unter anderem auch das Datum vollständig bewältigen, hier noch einige Ordnungszahlen:

11th	***eleventh***	***22nd***	***twenty-second***
12th	***twelfth***	***23rd***	***twenty-third***
13th	***thirteenth***	***24th***	***twenty-fourth***
14th	***fourteenth***		*usw.*
15th	***fifteenth***	***30th***	***thirtieth***
16th	***sixteenth***	***40th***	***fortieth***
17th	***seventeenth***	***50th***	***fiftieth***
18th	***eighteenth***	***60th***	***sixtieth***
19th	***nineteenth***	***70th***	***seventieth***
20th	***twentieth***	***80th***	***eightieth***
21st	***twenty-first***	***90th***	***ninetieth***
		100th	***hundredth***

Und in den höheren Regionen:

101st	***hundred and first***
102nd	***hundred and second***
136th	***hundred and thirty-sixth***
200th	***two hundredth***
1000th	***thousandth***
1,000,000th	***millionth***

Datum

Das Datum kann auf ganz unterschiedliche Weise geschrieben werden. Hier einige der geläufigeren Varianten:

8th April, 1996	***April 8th, 1996***
8 April 1996	***April 8 1996***
8.4.96	***8/4/96***

Man kann also die Endungen **-th, -st, -nd** an die Zahl anhängen oder auch nicht. Diese sind nichts anderes als die Endungen der Ordnungszahlen (siehe dazu auch Lektion 5).

Bei der Aussprache des Datums sieht die Sache etwas einfacher aus:

March 1st	wird gesprochen:	***March the first***
	beziehungsweise:	***the first of March***
April 16	wird gesprochen:	***April the sixteenth***
	beziehungsweise:	***the sixteenth of April***

Bei den Jahreszahlen entfällt das Wort ***hundred*** meistens:

1996	wird gesprochen:	***nineteen-ninety-six***

Bei Jahreszahlen im dritten Jahrtausend gibt es verschiedene Möglichkeiten:

2001	wird gesprochen:	***two-thousand and one***
2015	wird gesprochen:	***twenty-fifteen***

Von ***2001*** bis ***2009*** sagt man ***two-thousand…,*** um Missverständnisse zu vermeiden (*twenty-one* für *2001* oder *twenty-four* für *2004 usw.* könnte man als *»21«*, *»24« usw.* verstehen.).

Übung 3

Setzen Sie die fehlenden Wörter ein: ***worry, right, no, goodness, awful, seems, all.***

A: Oh, my …………… !

B: What's happened? You look ……………

A: That car has knocked over a little boy.

B: Oh, …………… ! Is he all …………… ?

A: Yes, he …………… okay.

B: Are you …………… right?

A: Yes, thanks. Don't …………… about me.

Übung 4

Wie heißt das auf Englisch? ***Never mind / Oh, really / Oh dear / Of course / I'm really sorry.***

1. I've sold thousands of these cheap souvenirs.

– …………… ? (*Wirklich?*)

2. He hasn't bought you a present.

– …………… . (*Das macht nichts.*)

3. We haven't enjoyed this trip anyway.

– …………… . (*Das tut mir aber leid.*)

4. Can I taste this?

– …………… . (*Selbstverständlich.*)

5. I'm sorry, but I've never done this before.

– …………… . (*Oh je!*)

any more in Frage und Verneinung

Any more heißt in Bezug auf Verben in einer **Frage »noch«**, in der **Verneinung »nicht mehr«**:

Do *you play basketball* ***any more?***	Spielst du noch Basketball?
*People do**n't** smoke* ***any more.***	Die Leute rauchen nicht mehr.

Übung 5

Wie lautet das Gegenteil?

1. black	**a** big
2. boring	**b** awful
3. nice	**c** white
4. little	**d** early
5. late	**e** fun

1. ..... **2.** ..... **3.** ..... **4.** ..... **5.** .....

Wortschatz

anyway	sowieso, nur
ashtray	Aschenbecher
Britain	Großbritannien
car	Auto
cheap	billig
dear	*(Anrede, wird nicht übersetzt)*
fun *in:*	
have fun	Spaß haben
glass	Glas
goodness *in:*	
my goodness!	du meine Güte!
happen	passieren
in fact	eigentlich
knock over	umstoßen
last	letzte(r, -s)
little	klein
much *in:*	
so much	so viel
present	Geschenk
seem	scheinen
sell	verkaufen
since	seit
smoke	rauchen
something	etwas
souvenir	Souvenir, Andenken
together	zusammen
worry	sich Sorgen machen

Nichtraucher

Die Dame im Souvenirladen hat vorwiegend recht, wenn sie sagt, »***People don't smoke anymore.***«. In Großbritannien hat das Rauchen in den letzten Jahren sehr stark abgenommen, und zwar nicht zuletzt, weil es – wie in anderen europäischen Ländern – in Restaurants, Kneipen, Büros und öffentlichen Gebäuden verboten ist.

Anrede

Die Verkäuferin sagt zu Claudine: »***Don't worry, dear.***« In England ist es ganz normal, besonders von älteren Personen, mit »***dear***« angesprochen zu werden. Es ist leider nicht übersetzbar, ist aber stets nett gemeint. Wundern Sie sich auch nicht, wenn Sie mit »***love***« angeredet werden. Dies darf keineswegs als Annäherungsversuch verstanden werden, sondern ist wiederum lediglich eine freundliche Geste.

In Schottland wird man sogar mit »***hen***« (»Henne«) angesprochen!

A postcard to the family

Dear Mum and Dad,
I'm writing to you in English because I've
learnt so much already. It really isn't so
difficult! The Youngs are very friendly, and
I've met so many nice people. Two other students
live in the house – a very nice girl from Italy
and a boy from Japan. We've done some
interesting things and the weather has been
all right.
I need some more books for my course. Could
I have some money? I hope you're all well.
Love, Stephan
PS 60 euros should be enough.

Dear Mummy, Daddy, Grandma, Alfonso and Beppo,
I'm having a wonderful time. My English is very
good now. We've got a new student in the house.
His name is Stephan and he comes from Munich
(Germany). He's very nice. We've visited a lot of
interesting places, like Warwick Castle and
Stratford, and we've had lots of cream teas, too.
I've put on six pounds since January. I should
go on a diet – in fact I <u>must</u> go on a diet!
Could you send me some photos of the family
with your next letter?
Lots of love and kisses,
Lucia

Eine Postkarte an die Familie

Liebe Mutti, lieber Vati,
ich schreibe euch auf Englisch, weil ich schon so viel gelernt habe. Es ist wirklich nicht so schwierig! Die Youngs sind sehr freundlich, und ich habe so viele nette Leute kennengelernt. Bei uns wohnen noch zwei weitere Studenten – ein sehr nettes Mädchen aus Italien und ein Junge aus Japan. Wir haben schon einige interessante Dinge gemacht, und das Wetter war bis jetzt auch in Ordnung.
Ich brauche für meinen Kurs noch einige Bücher. Könnte ich etwas Geld bekommen?
Euch geht es hoffentlich allen gut.
Viele Grüße,
Stephan
PS 60 Euro müssten ausreichen.

Liebe Mama, lieber Papa, liebe Oma, lieber Alfonso und Beppo,
ich verbringe eine wunderbare Zeit. Mein Englisch ist jetzt sehr gut. Wir haben bei uns im Haus einen neuen Studenten. Er heißt Stephan, und er kommt aus München (Deutschland). Er ist sehr nett. Wir haben schon eine Menge interessanter Orte besichtigt, wie Schloss Warwick und Stratford, und wir haben auch jede Menge Cream Teas zu uns genommen. Ich habe seit Januar sechs Pfund zugenommen. Ich sollte eine Diät machen – eigentlich *muss* ich eine machen!
Könntet ihr mir mit eurem nächsten Brief einige Familienfotos schicken?
Viele Grüße und Küsse,
Lucia

Modale Hilfsverben – must, could, should

must

Dem Verb ***must*** sind wir schon mehrmals begegnet.
In Lucias Postkarte erscheint es in einer etwas anderen Bedeutung als bisher, wobei die **Form** nach wie vor **gleich bleibt:**

must	muss / musst / müssen / müsst
*I **must** go on a diet.*	Ich **muss** Diät machen.
*We **must** speak English.*	Wir **müssen** Englisch sprechen.
*You **must** tell me.*	Du **musst** es mir erzählen.

Must kennen wir bisher als Ausdruck einer **Annahme** (***You must be hungry.*** – Du musst Hunger haben.). Hier drückt es dagegen aus, dass der **Sprecher** etwas für **notwendig** erachtet (***I must go on a diet.*** *usw.*). Hier würde man im Deutschen »**unbedingt**« hinzufügen.

could

Das Verb ***could*** **bleibt** ebenfalls in der **Form gleich:**

could könnte / könntest / könnten / könntet

*We **could** help you.*	Wir **könnten** Ihnen helfen.
***Could** I have some money?*	**Könnte** ich etwas Geld haben?
***Could** you send me a photo?*	**Könntet** ihr mir ein Foto schicken?

should

Ähnlich auch beim Dritten der unvollständigen Hilfsverben in dieser Lektion:

should sollte / solltest / sollten / solltet

*I **should** go on a diet.*	Ich **sollte** Diät machen.
*We **should** go to London.*	Wir **sollten** nach London fahren.
*You **should** ask him.*	Du **solltest** ihn fragen.

Übung 1

Ordnen Sie die folgenden Sätze nach ihrer Dringlichkeitsstufe (beginnend mit der untersten).

1. I must write to my family. They worry about me.

2. I could write to my family. Why not?

3. I should write to my family. I know they enjoy my letters.

....

Übung 2

Gute Ratschläge gehen ins Ohr. **Ordnen Sie die Aussagen zueinander.**

1. My grandma isn't very well. She can't leave the house.
2. These exercises are very difficult.
3. The weather's wonderful.
4. I haven't got any more money.
5. We need some books for school.
6. I've put on twelve pounds.
7. We're very hungry.

a You should go outside and enjoy it.
b You could have a snack.
c You must go to the bank.
d You should go on a diet.
e You could ask a student to help you.
f You should really visit her.
g You must buy them, then.

1. ..... **2.** ..... **3.** ..... **4.** .....

5. ..... **6.** ..... **7.** .....

Übung 3

Setzen Sie die richtige Verbform ein, um den Brief zu vervollständigen. In persönlichen Briefen benutzt man übrigens die Kurzformen.

Dear David,

We .... (enjoy) our trip to Germany very much. We .... (be) here for four weeks now and we .... (do) a lot of interesting things. We .... (visit) so many castles on the Rhine and tomorrow we .... (go) to Bavaria to see some more castles! The weather .... (be) very good all the time. We .... (meet) so many friendly people and they all .... (speak) very good English. Carol now .... (want) to learn some German for her next trip! She .... (love) it here. We hope you .... (have) a good time, too. ▶

Don't forget to write to us at our address in Munich. We .... (look) forward to your news.

Best regards,
Gerry and Carol

Übung 4

Streichen Sie die überflüssigen Wörter.

1. He doesn't look well. He must to go to bed.
2. I need an information about the courses.
3. Could you send to me some money?
4. We've had a lots of cream teas.
5. You should to go on a diet.

Übung 5

Setzen Sie die passenden Präpositionen ein: *in, for, from, of, on,* oder *to* (2x).

1. He comes .... Germany.
2. Please write .... English.
3. I've put .... ten pounds.
4. Send me some photos .... the family.
5. We're looking forward .... your news.
6. They've been .... Bavaria.
7. Could I have some money .... books?

Wortschatz

book	Buch
boy	Junge
could	könnte(n) *usw.*
course	Kurs
Dad	Vati
Daddy	Vati, Papi
dear	liebe(r)
diet	Diät
diet *in:* **go on a diet**	Diät machen
difficult	schwierig
enough	genug, ausreichend

Germany	Deutschland	**need**	brauchen
girl	Mädchen	**new**	neu
Grandma	Oma	**other**	andere(r, -s)
hope	hoffen	**photo**	Foto
kiss	Kuss	**place**	Ort
learn	lernen	**postcard**	Postkarte
letter	Brief	**put on**	*hier:* zunehmen
love	Liebe, *hier:* viele / liebe Grüße	**send**	schicken
		should	sollte(n) *usw.*
money	Geld	**visit**	besuchen
Mum	Mutti	**weather**	Wetter
Mummy	Mutti, Mami	**well**	wohlauf, gesund
must	müssen		
name	Name	**write**	schreiben

Briefeschreiben

Wie Stephan und Lucia müssten auch Sie nun in der Lage sein, eine kurze Mitteilung auf Englisch zu verfassen. Das Datum können Sie ja schon. Noch wichtiger bei der Korrespondenz sind die Anrede und die Grußformel am Ende:

Die Anrede ***Dear*** …, wird, wie in den beiden Postkarten zu Beginn dieser Lektion, universell verwendet:
Dear John, ***Dear Mrs Cooper,*** ***Dear Sir or Madam,***

Vergessen Sie dabei nicht das Komma und schreiben Sie bitte hinter den Namen kein Ausrufezeichen – das ist ausgesprochen unenglisch!

Die Grußformel sollte sich nach der Person beziehungsweise den Personen richten, an die man schreibt:

Familie und enge Freunde:	***Love,*** oder ***Lots of love,***
Bekannte:	***Yours,*** oder ***Best regards,***
Bei Geschäftsbriefen o. Ä.:	***Yours sincerely,***

A fashion parade

Mrs Young: Hello, Lucia! Look what I've bought.
Lucia: Oh, what lovely clothes!
Mrs Young: They aren't all for me. I've bought some shirts and a pair of trousers for my husband.
Lucia: Mm, they're smart.
Mrs Young: Yes, I have to buy all his clothes for him. And a plain cotton shirt is as expensive as a lovely silk blouse!
Lucia: This green dress is nice!
Mrs Young: I think the red skirt is smarter than the dress.
Lucia: And it goes with this red and white blouse. And look at this hat!
Mrs Young: Yes, we're going to a wedding, and at English weddings you *must* wear a hat!
Lucia: Does Mr Young have to wear a hat, too?
Mrs Young: No, he doesn't!
Lucia: Could I try it on?
Mrs Young: Yes, of course. … You look nicer in it than me!
Lucia: I love red.
Mrs Young: Oh dear. I don't think this skirt fits me. It's too small – or I'm getting fatter!
Lucia: Well, we can both go on a diet. It's easier to do it together.

Eine Modenschau

Fr. Young: Hallo, Lucia! Guck mal, was ich gekauft habe.
Lucia: Oh, was für schöne Anziehsachen!
Fr. Young: Die sind nicht alle für mich. Ich habe für meinen Mann ein paar Hemden und eine Hose gekauft.
Lucia: Hm, die sehen schick aus.
Fr. Young: Ja, ich muss alle seine Kleidungsstücke für ihn kaufen. Und ein einfaches Baumwollhemd ist genauso teuer wie eine schöne Seidenbluse!
Lucia: Dieses grüne Kleid ist nett!
Fr. Young: Ich glaube, der rote Rock ist schicker als das Kleid.
Lucia: Und er passt zu dieser rotweißen Bluse. Und sehen Sie sich diesen Hut an!
Fr. Young: Ja, wir gehen zu einer Hochzeit, und auf englischen Hochzeiten *muss* man einen Hut tragen!
Lucia: Muss Herr Young dann auch einen Hut tragen?
Fr. Young: Nein, er nicht!
Lucia: Könnte ich ihn mal aufsetzen?
Fr. Young: Ja, natürlich. … Dir steht er besser als mir!
Lucia: Ich liebe Rot.
Fr. Young: Oh je. Ich glaube nicht, dass mir dieser Rock passt. Er ist zu klein – oder ich werde dicker!
Lucia: Wir können ja beide eine Diät machen. Es ist einfacher, sie gemeinsam zu machen.

Steigerung einsilbiger und zweisilbiger Adjektive – Komparativ

*The skirt is **smarter**.*	Der Rock ist schicker.
*You look **nicer** in it.*	Du siehst darin besser aus.
*I'm getting **fatter**.*	Ich werde dicker.
*It's **easier** to do it together.*	Es ist einfacher, wenn man es zusammen macht.

Einsilbige Adjektive werden mit **-er** gesteigert:

*smart – smart**er***	schick – schicker
*sweet – sweet**er***	süß – süßer

Ein **einzelner Endkonsonant (b, d, g, t** *usw.*) **nach** einem **kurzen Vokal** (a, e, i, o, u) wird **verdoppelt:**

*fa**t** – fa**tter***	dick – dicker
*bi**g** – bi**gger***	groß – größer

Einem **stummen End-e** wird lediglich ein **-r** hinzugefügt:

*nic**e** – nice**r***	nett – netter

Auch **zweisilbige Adjektive,** die auf **-y, -er, -et, -le** oder **-ow** enden, werden mit **-er** gesteigert, wobei ein **-y** zu **-i-** wird:

*eas**y** – eas**ier***	leicht – leichter
*love**ly** – love**lier***	schön – schöner
*qui**et** – quiet**er***	ruhig – ruhiger
*clev**er** – clever**er***	schlau – schlauer
*yell**ow** – yellow**er***	gelb – gelber

Zu den mehrsilbigen und unregelmäßigen Adjektiven kommen wir später.

Übung 1

Ergänzen Sie die Endungen der Adjektive und ändern Sie, wo es nötig ist, die Schreibweise.

1. My dress is nice, but your new red skirt is much smart...... .
2. These trousers are all right, but those are nice...... .
3. That blouse is very expensive. This white blouse is cheap...... .
4. She's got much fat...... . Her black dress doesn't fit her any more.
5. These jeans are big...... . Try them on.
6. My last diet was easy...... than the diet I'm on now!

Verb – get

Das vielseitige Verb ***get*** wird auch in der Bedeutung **»werden«** benutzt:

I'm getting fatter. Ich werde dicker.

Meistens bezeichnet es einen **allmählichen Prozess.**

Hier noch einige Beispiele:

get cold	kalt werden	***get tired***	müde werden
get wet	nass werden	***get old***	alt werden

Vergleiche – ... than, as ... as

Beim Vergleich von Adjektiven verwendet man folgende Konstruktionen:

... than	... er als
*The blue shirt is **nicer** **than** the white shirt.*	Das blaue Hemd ist **schöner** **als** das weiße Hemd.
*You look **nicer** in it **than me.***	Du siehst darin **besser** aus **als** ich.

■ Beachten Sie, dass man bei Personalpronomen nach ***than*** die **Objektform** nimmt: ***me, him*** *usw.*

as ... as	(genau)so ... wie
*A shirt is **as expensive as** a blouse.*	Ein Hemd ist **(genau)so teuer wie** eine Bluse.

Übung 2

As oder ***than?***

1. You look lovelier in red ...... in yellow.
2. She looks nicer in it ...... me.
3. He's as big ...... me, but I'm cleverer!
4. Actually, I'm not as fat ...... him!
5. Are things here as expensive ...... in Germany?
6. Well, some things are cheaper ...... in Germany.

Substantive, die nur im Plural gebraucht werden

Es gibt im Englischen eine Reihe von Substantiven, die immer im Plural stehen.

Hier die geläufigsten unter ihnen:

trousers	Hose	***swimming trunks***	Badehose
jeans	Jeans	***clothes***	Kleidungsstücke
pyjamas	Pyjama		
pants	Unterhose	***scissors***	Schere
		glasses	Brille

▶

Da diese Dinge mit Ausnahme von ***clothes*** alle normalerweise aus zwei gleichen Hälften bestehen, kann man auch ***a pair of*** (»ein Paar«) voranstellen:

a pair of trousers	eine Hose
a pair of scissors	eine Schere
a pair of pyjamas	ein Pyjama *usw.*

have got to / has got to – must

In der vorhergehenden Lektion haben wir gesehen, dass ***must*** benutzt wird, wenn der Sprecher etwas für **notwendig** oder **zwingend** hält. Hier erscheint das Verb wieder in dieser Bedeutung:

*You **must** wear a hat.*	Man muss unbedingt einen Hut tragen.

Vergleichen Sie aber dazu folgenden Satz:

*I'**ve got to** buy his clothes for him.*	Ich muss seine Kleidungsstücke für ihn kaufen.

Hier geht es auch um »müssen«, jedoch in einer etwas anderen Bedeutung. Frau Young kauft Herrn Young die Kleidungsstücke nicht aus irgendeiner inneren Überzeugung oder Verpflichtung heraus, sondern weil es **äußere Umstände notwendig** machen (vermutlich hat Herr Young keine Zeit dazu, oder es fehlt ihm an modischem Geschmack).

Bei ***have got to*** weicht wiederum nur die **3. Person Singular** in der Form ab:

*He **has got to** go. / He'**s got to** go.*	Er muss gehen.

■ Fassen wir noch einmal zusammen:

must	**der Sprecher hält etwas für unbedingt notwendig**
have got to / has got to	**äußere Umstände machen etwas notwendig**

Fragen mit have got to / has got to

Lucia fragt Frau Young:

Has Mr Young got to wear a hat, too?	Muss Herr Young auch einen Hut tragen?

Die Frageform von ***have got to / has got to*** bildet man wie folgt:
have / has + Subjekt + ***got to***

***Have** I **got to** go?*	Muss ich gehen? *usw.*
***Have** you **got to** go?*	
***Has** he / she / it **got to** go?*	
***Have** we **got to** go?*	
***Have** you **got to** go?*	
***Have** they **got to** go?*	

Übung 3

Schwächen Sie die Dringlichkeit der Aussagen ab, indem Sie *must* durch *have got to / has got to* beziehungsweise deren Kurzformen ersetzen.

1. The women must wear hats.

....

2. He must buy a new shirt for the wedding.

....

3. Must they buy new clothes?

....

4. I really must go to town now.

....

5. Must we go on a diet?

....

6. She must wear a dress to the wedding, not trousers.

....

Übung 4

Ordnen Sie die Sätze zueinander: Was passt am besten?

1. She says she must go to bed early.
2. She's got to go to bed early.
3. We really must ask them to dinner.
4. We've got to ask them to dinner.
5. I must go.
6. I'm sorry, I've got to go.

a Her train leaves at six in the morning.
b She really is very tired.
c We'd love to see them.
d We had dinner with them last month.
e My English course is at 4 o'clock.
f I'm not very well.

1. ….. **2.** ….. **3.** …..

4. ….. **5.** ….. **6.** …..

Wortschatz

as … as	(genau)so … wie
blouse	Bluse
both	beide
cotton	Baumwoll…; Baumwolle
dress	Kleid
easy	einfach, leicht
expensive	teuer
fashion parade	Modenschau
fit	passen
get fat	dick werden
hat	Hut
have got to	müssen
husband	Ehemann
look at	ansehen, angucken
pair	Paar
plain	einfach, gewöhnlich
shirt	Hemd
silk	Seiden…; Seide
skirt	Rock
smart	schick
than	als
trousers *(Pl.)*	Hose(n)
try on	anprobieren, aufsetzen
wear	tragen
wedding	Hochzeit

Zusatz-wortschatz

Fußbekleidung

shoes	Schuhe	**socks**	Socken
trainers	Turnschuhe	**stockings**	Strümpfe
sandals	Sandalen	**tights**	Strumpfhose
boots	Stiefel		

Kleidung

Ja, Kleider machen Leute, und in Großbritannien begegnet man einem breiten Spektrum an Kleidung, von der allerneuesten Mode bis zum abgetragenen Anorak. Schüler tragen nach wie vor Schuluniform, obwohl diese heutzutage etwas legerer ausfällt.

Und seien Sie nicht enttäuscht, wenn die erwartete Melonenvielfalt auf den Londoner Straßen ausfällt, denn die ***bowler hats*** sind rapide am Aussterben. Dafür bleiben aber der Schirm und der Charme erhalten.

Man kann übrigens in britischen Kaufhäusern Kleidungsstücke problemlos und ohne große Erklärungen umtauschen, weswegen Frau Young – vielleicht aus Zeitgründen – den Rock vorher nicht anprobiert hat.

In manchen Ihrer Kleidungsstücke werden Sie vielleicht die Abkürzungen ***S, M, L*** und ***XL*** entdeckt haben. Diese sind abgekürzte Größenbezeichnungen:

S	***small***	klein
M	***medium***	mittel
L	***large***	groß
XL	***extra large***	extra groß / übergroß

Money matters

Akiro: Hi, Stephan. How are you?

Stephan: Not so good. Life is getting more difficult.

Akiro: That's bad news. What's the problem?

Stephan: I'm short of money. Could you lend me some cash?

Akiro: Sure. How much do you want?

Stephan: Well, my parents are sending me sixty euros.

Akiro: That's about forty pounds. I can't lend you more than twenty.

Stephan: That's fine. I might borrow the rest from Lucia.

Akiro: Okay. I could get some money from the cash-point this afternoon. You can come with me.

Stephan: Is it far?

Akiro: No, it's just down the road.

Stephan: All right, I might come, then.

(At the cash dispenser)

Stephan: I haven't got a cash card.

Akiro: You should get one. They're more useful than cheques. You can get money twenty-four hours a day, and at the weekend.

Stephan: I've got a bank account in Germany, but I really must get an EC card.

Akiro: Yes, then you haven't got to change money – or borrow it! Here you are – two ten-pound notes.

Stephan:	Thanks. Well, you're the expert – where should I change my sixty euros into pounds?
Akiro:	A bank is always better than a bureau de change.
Stephan:	Oh, Akiro, you can speak French, too!

Geldangelegenheiten

Akiro:	Hi, Stephan. Wie geht's?
Stephan:	Nicht so gut. Das Leben wird immer schwieriger.
Akiro:	Das ist aber eine schlechte Nachricht. Was ist denn das Problem?
Stephan:	Ich bin knapp bei Kasse. Könntest du mir etwas Geld leihen?
Akiro:	Na klar. Wie viel möchtest du denn?
Stephan:	Nun ja, meine Eltern schicken mir gerade sechzig Euro.
Akiro:	Das sind ungefähr vierzig Pfund. Ich kann dir nicht mehr als zwanzig leihen.
Stephan:	Das ist in Ordnung. Ich könnte mir den Rest von Lucia leihen.
Akiro:	Okay. Ich könnte heute Nachmittag Geld vom Automaten holen. Du kannst mitkommen.
Stephan:	Ist das weit?
Akiro:	Nein, bloß die Straße runter.
Stephan:	Okay, dann komme ich vielleicht mit.
(Am Geldautomaten)	
Stephan:	Ich habe keine Scheckkarte.
Akiro:	Du solltest dir eine besorgen. Die sind nützlicher als Schecks. Du kannst damit vierundzwanzig Stunden am Tag und am Wochenende Geld bekommen.
Stephan:	Ich habe ein Bankkonto in Deutschland, aber ich muss mir jetzt wirklich eine Eurochequekarte besorgen.
Akiro:	Ja, dann musst du kein Geld mehr wechseln – oder ausleihen! Da hast du sie – zwei Zehnpfundscheine.
Stephan:	Danke. Du bist ja der Experte – wo soll ich denn meine sechzig Euro in Pfund wechseln?
Akiro:	Eine Bank ist immer besser als ein »bureau de change« (*Wechselstube*).
Stephan:	Oh, Akiro, du kannst ja auch Französisch!

Steigerung mehrsilbiger und unregelmäßiger Adjektive – Komparativ

In der vorhergehenden Lektion haben wir schon die Steigerung bestimmter zweisilbiger Adjektive behandelt.

Die anderen **mehrsilbigen Adjektive** werden mit ***more*** gesteigert:

difficult	- ***more** difficult*	schwierig – schwieriger
useful	- ***more** useful*	nützlich – nützlicher
delicious	- ***more** delicious*	lecker – leckerer
fascinating	- ***more** fascinating*	faszinierend – faszinierender
interesting	- ***more** interesting*	interessant – interessanter

Dann gibt es noch die **unregelmäßigen Adjektive:**

good	- ***better***	gut – besser
bad	- ***worse***	schlecht – schlechter
far	- ***further***	weit – weiter
many	- ***more***	viele – mehr
much	- ***more***	viel – mehr
little	- ***less***	wenig – weniger

Übung 1

Steigern Sie die Adjektive in folgenden Sätzen.

1. Life isn't getting .... (easy). It's getting .... (difficult).

2. Cash cards are .... (useful) than cheques.

3. It's getting .... (wet) every day.

4. This castle looks .... (fascinating) than the last one.

5. It's .... (interesting) than shopping.

Aufgepasst

borrow – lend

Hier heißt es aufgepasst, denn beide Verben werden im Deutschen durch »**leihen**« wiedergegeben:

lend someone something	**jemandem** etwas leihen
Can you lend me some money?	Kannst du mir etwas Geld leihen?
borrow something from someone	**sich** etwas von jemandem leihen
Can I borrow some money from you?	Kann ich etwas Geld von dir leihen?

Zahlen – Schreibweise

Wo gerade von Geld und Umtauschen die Rede ist, hier noch ein paar wichtige Details über die Zahlen im Englischen:

Bei den englischen Zahlen steht anstelle des deutschen Punkts immer ein **Komma:** ***1,000, 21,500*** *usw.* Umgekehrt erscheint das Dezimalkomma im Englischen als **Punkt:** ***1.5, 4.567*** *usw.*

Modales Hilfsverb – might

Might ist ein weiteres unvollständiges Hilfsverb, das **immer** die **gleiche Form** behält. Es wird im Englischen häufig benutzt, um eine **Möglichkeit** auszudrücken.

Auf Deutsch würde man »**vielleicht**« sagen:

I might borrow the rest from Lucia.	Vielleicht leihe ich mir den Rest von Lucia.
I might come with you.	Vielleicht komme ich mit.

Übung 2

Might* oder *could?

1. .... I have some more milk, please?

2. Yes, but it .... not be enough.

3. He .... ask his parents for the rest, but they .... not like it.

4. .... you come and help us tomorrow?

5. I don't think we can, but we ....

***have got to / has got to* – Verneinung**

*Then you **haven't got to** change money.*	Dann musst du kein Geld mehr wechseln.

Die Verneinung von ***have got to / has got to*** beziehungsweise ***must*** lautet:

haven't got to / hasn't got to	nicht müssen

Übung 3

Übersetzen Sie folgenden Dialog.

A: Können Sie mir fünfunddreißig Pfund leihen?

....

B: Sicher.

....

A: Normalerweise leihe ich mir kein Geld aus.

....

B: Das geht in Ordnung.

....

A: Danke. Das ist sehr nett von Ihnen.

....

Wortschatz

bad	schlecht
bad news	eine schlechte Nachricht
bank account	Bankkonto
borrow	sich leihen
bureau de change	Wechselstube
cash	*(Bar)*Geld
cash card	Scheckkarte
cashpoint	Geldautomat
change	wechseln, umtauschen
cheque	Scheck
down the road	die Straße runter
EC card	EC-Karte
expert	Experte
far	weit
fine	in Ordnung, okay
French	Französisch
get	holen, sich besorgen, bekommen
into	in
lend	leihen
might *in:* **I might …**	vielleicht … ich
news	Nachricht
note	*(Geld)*Schein
parents	Eltern
rest	Rest
short *in:* **I'm short of**	mir fehlt es an
sure	na klar, sicher
weekend	Wochenende
weekend *in:* **at the weekend**	am Wochenende

Zahlungsmittel

Geldangelegenheiten werden in Großbritannien von Plastik beherrscht. Die Straßen sind von Geldautomaten übersät und selbst im Supermarkt wird sehr häufig mit einer Karte bezahlt, auch bei relativ kleinen Beträgen.

Mit einer EC-Karte kann man an vielen Geldautomaten Bargeld bekommen, muss aber dafür eine Gebühr bezahlen. Dies ist jedoch in der Regel billiger, als auf einer Bank oder gar in einer Wechselstube ***(bureau de change)*** Geld umzutauschen. In Letzterer werden meist sehr hohe Kommissionen verlangt.

A crisis

Lucia:	What's the matter, Akiro? You look worried.
Akiro:	I've lost my cash card.
Lucia:	Oh, no! What are you going to do?
Akiro:	Well, I'm not going to panic.
Lucia:	Good. I'm sure everything's going to be all right. Why don't you report it to the police straightaway?
Akiro:	I'm going to. But first of all I'm going to ring up my bank in Osaka.
Lucia:	Have you got the telephone number?
Akiro:	Yes, I've got it in my address book upstairs.
Lucia:	Shall I lend you some money?
Akiro:	No, thanks. Stephan's going to give me back my twenty pounds this afternoon.
Lucia:	Ah, here he is.
Stephan:	Akiro! You aren't going to believe this.
Akiro:	I know. You haven't got my money.
Stephan:	Yes, I have. But I've got your cash card, too – I've just found it in my jeans pocket!
Akiro:	Oh, thank goodness!
Lucia:	Well, I've got some good news, too. Mr and Mrs Young are going to take us out into the country on Monday.
Stephan:	On Monday?
Lucia:	Yes, it's a bank holiday.
Akiro:	Let me explain, Stephan – but first give me my twenty pounds and my cash card.

Eine Krise

Lucia:	Was ist denn los, Akiro? Du siehst besorgt aus.
Akiro:	Ich habe meine Scheckkarte verloren.
Lucia:	Oh, nein! Was machst du nun?
Akiro:	Nun, ich werde nicht in Panik geraten.
Lucia:	Gut. Ich bin sicher, alles wird in Ordnung gehen. Warum meldest du es nicht sofort der Polizei?
Akiro:	Das mach ich gleich. Aber zuerst werde ich meine Bank in Osaka anrufen.
Lucia:	Hast du die Telefonnummer?
Akiro:	Ja, ich habe sie oben in meinem Adressbuch.
Lucia:	Soll ich dir etwas Geld leihen?
Akiro:	Nein, danke. Stephan wird mir heute Nachmittag meine zwanzig Pfund zurückgeben.
Lucia:	Ah, da ist er ja.
Stephan:	Akiro! Du wirst es nicht glauben.
Akiro:	Ich weiß schon. Du hast mein Geld nicht.
Stephan:	Doch. Aber ich habe auch noch deine Scheckkarte – ich habe sie gerade in meiner Jeanstasche gefunden!
Akiro:	Oh, Gott sei Dank!
Lucia:	Und ich habe auch eine gute Nachricht. Herr und Frau Young wollen am Montag mit uns ins Grüne fahren.
Stephan:	Am Montag?
Lucia:	Ja, das ist ein Feiertag.
Akiro:	Ich erklär's dir, Stephan – aber gib mir zuerst meine zwanzig Pfund und meine Scheckkarte.

Zukunftsform – be going to

Going to bildet in Verbindung mit der **Grundform** des Hauptverbs eine Zukunftsform:

*I'**m going to buy** a hat.*	Ich werde mir einen Hut kaufen.
*They'**re going to help** us.*	Sie werden uns helfen.

Diese Form wird gebraucht, wenn der Handelnde **beabsichtigt, etwas zu tun:**

I'm going to ring up my bank.	Ich werde meine Bank anrufen.

▶

wenn der Sprecher davon **überzeugt ist**, dass **etwas passieren wird:**

He's going to give me back my twenty pounds.	Er wird mir meine zwanzig Pfund zurückgeben.
I'm sure everything's going to be all right.	Ich bin sicher, dass alles gut gehen wird.

be going to – Verneinung

Die verneinte Form wird gebildet durch **Einfügen von *not*** beziehungsweise ***-n't*** **zwischen** das **Verb *be* und *going to*:**

*I'**m not going to** panic.*	Ich werde nicht in Panik geraten.
*He **isn't going to** panic.*	Er wird nicht in Panik geraten.
*They **aren't going to** panic.*	Sie werden nicht in Panik geraten. *usw.*

be going to – Frageform

Bei der Frageform wird das **Subjekt hinter** das **Verb *be*** gestellt:

Are you going to** ring him**?	Wirst du ihn anrufen?
Are they going to** come**?	Werden sie kommen?

Übung 1

Was haben sie vor? Ergänzen Sie die Sätze mit ***going to.***

A: What .... (you, do) after university?

B: I .... (work) in a bank

and I .... (make) a lot of money.

A: Well, I .... (not, live) in town. I .... (have) a house in the country.

B: In the country! You .... (not, find) work there.

A: I .... (not, get) a job. He .... (buy) me a lovely big house.

B: He?

A: Yes, my millionaire. Let me explain ...

Übung 2

Was werden sie jetzt machen? Verwenden Sie ***going to.***

1. She's lost her bag.
She .... (report) it to the police.

2. Don't panic. Everything .... (be) all right.

3. He looks very worried.
He .... (panic).

4. They found ten thousand pounds in a case. They .... (give) it to the police.

5. I've got some good news.
I .... (ring) my parents and tell them.

6. I'm sure we .... (have) a wonderful holiday in the country.

Übung 3

Verneinen Sie die Sätze mit ***going to*** aus Übung 2.

1. ....

....

2. ....

....

3. ....

....

4. ....

....

5. ....

....

6. ....

....

Übung 4

Stellen Sie mit Hilfe von ***going to*** Fragen.

Sie wollen wissen, ob

1. alles gut wird.

....

2. er es glauben wird.

....

3. sie anrufen wird.

....

4. sie eine interessante Englischstunde haben werden.

....

5. Ihnen jemand helfen wird.

....

6. es eine Krise geben wird.

....

Modales Hilfsverb – shall

shall I …?	soll ich …?
shall we …?	sollen / wollen wir …?

Das Wort ***shall*** drückt einen **Vorschlag** aus und wird **nur** in der **1. Person** (**Singular** und **Plural**) verwendet:

***Shall I** lend you some money?*	Soll ich dir etwas Geld leihen?
***Shall we** go home?*	Wollen wir nach Hause gehen?

Übung 5

Shall I …?
Ordnen Sie folgende Sätze zueinander. Welche Frage folgt auf welche Aussage?

1. We're short of money.
2. They want to go out into the country.
3. She can't understand this.
4. He isn't going to like this.
5. I've lost my address book.

a Shall I take them there?
b Shall I lend you some?
c Shall I help you to find it?
d Shall I tell him?
e Shall I explain it to her?

1. ….. **2.** ….. **3.** …..

4. ….. **5.** …..

Wortschatz

address book	Adressbuch	**first (of all)**	zuerst
bank holiday	Feiertag	**give back**	zurückgeben
believe	glauben	**going to**	werden
country *in:* **into the country**	aufs Land, ins Grüne	**good news**	eine gute Nachricht
crisis	Krise	**lose**	verlieren
everything	alles	**matter** *in:* **what's the matter?**	was ist los?
explain	erklären		

panic	in Panik geraten	**take**	nehmen, bringen
police	Polizei	**telephone number**	Telefonnummer
report	melden	**us**	uns
ring up	anrufen	**worried**	besorgt
straightaway	sofort		
sure *in:*			
I'm sure	ich bin sicher		

Feiertage

Der Ausdruck ***bank holiday*** heißt nichts anderes als »öffentlicher Feiertag«, sogenannt, weil in früheren Zeiten an den Feiertagen in erster Linie die Banken geschlossen hatten. In Großbritannien gibt es bei Weitem nicht so viele öffentliche Feiertage wie in manchen anderen europäischen Ländern. Dafür wird ein Feiertag, der auf das Wochenende fällt, am darauffolgenden Montag nachgeholt. Überhaupt fallen viele der Feiertage auf einen Montag, daher auch der Begriff ***bank holiday Monday.*** Wundern Sie sich nicht, wenn viele Käufhäuser und Supermärkte auch an Feiertagen geöffnet sind.

Hier die Feiertage im Überblick:

Christmas Day	erster Weihnachtsfeiertag
Boxing Day	zweiter Weihnachtsfeiertag
New Year's Day	Neujahrstag
Good Friday	Karfreitag
Easter Monday	Ostermontag
May Day Bank Holiday	der erste Montag im Mai
Spring Bank Holiday	der letzte Montag im Mai
August Bank Holiday	der letzte Montag im August

Test 3

1 Entscheiden Sie sich für eine der beiden Lösungen. Springen Sie dann zu dem durch die Nummer bezeichneten Feld.

2 They … some more tea.

have ordered ➩ 8
has ordered ➩ 15

6 Falsch!

Wieder zurück zu Nummer 8.

7 Falsch!

Wieder zurück zu Nummer 4.

11 Falsch!

Wieder zurück zu Nummer 29.

12 Sehr gut, weiter: German is more difficult … English.

than ➩ 16
as ➩ 24

16 Gut, weiter: My English is getting … .

better ➩ 22
more ➩ 18

17 Falsch!

Wieder zurück zu Nummer 22.

21 Falsch!

Wieder zurück zu Nummer 13.

22 Richtig! Their English is … than mine.

less ➩ 17
worse ➩ 19

26 Falsch!

Wieder zurück zu Nummer 30.

27 Gut, weiter: I'm not as fat … him.

than ➩ 23
as ➩ 12

3 Falsch!

Wieder zurück zu Nummer 5.

4 Gut, weiter: They've had … of tourists.

lots ➪ 20
many ➪ 7

5 Richtig, weiter: I haven't been here … years.

since ➪ 3
for ➪ 13

8 Richtig, weiter: … she ordered some more?

Have ➪ 6
Has ➪ 25

9 Falsch!

Wieder zurück zu Nummer 25.

10 Falsch!

Wieder zurück zu Nummer 14.

13 Richtig, weiter: You should … it.

to do ➪ 21
do ➪ 29

14 Sehr gut, weiter: They've had too … tea.

many ➪ 10
much ➪ 30

15 Falsch!

Wieder zurück zu Nummer 2.

18 Falsch!

Wieder zurück zu Nummer 16.

19 Richtig!

Ende der Übung.

20 Prima, weiter: We've lived here … 1988.

since ➪ 5
for ➪ 28

23 Falsch!

Wieder zurück zu Nummer 27.

24 Falsch!

Wieder zurück zu Nummer 12.

25 Sehr gut, weiter: He … known her for a long time.

hasn't ➪ 14
haven't ➪ 9

28 Falsch!

Wieder zurück zu Nummer 20.

29 Prima, weiter: She must … on a diet.

to go ➪ 11
go ➪ 27

30 Richtig, weiter: She's eating so … scones.

much ➪ 26
many ➪ 4

A picnic

Mr Young: Hm, the petrol's low. But we're nearly there. We'll get some on the way back.
Mrs Young: Yes, it's only half a mile. Drive slowly and I'll tell you when we've got to turn left.
Mr Young: Ah, here's the perfect place for a picnic!
...
Lucia: I'll unpack the food if you like.

Mrs Young: Stephan, could you open this bottle of wine?
Stephan: Certainly. And I'll try it for you, too.
Lucia: No, you won't! You'll put out the knives and forks ...
Akiro: ... and the plates and glasses – and do it carefully. Mr Young will try the wine.
Mr Young: No, I won't have any wine. I'm driving.
Mrs Young: No, no. I'll drive back if you want.
Mr Young: Oh, will you?
Mrs Young: Yes. I'll just have water. Is this my glass?
Lucia: Yes, that's yours. Mine's over there.
Mr Young: Well, let me pour the wine, then.
Lucia: Just a small glass for me, please – and for the boys!

Stephan:	Oh, but it'll be good for our English!
Akiro:	Yes, we'll speak the language more fluently!
Stephan:	And we won't make any more silly faults.
Mrs Young:	We won't make any more silly *mistakes*, Stephan!

Ein Picknick

Hr. Young:	Hm, das Benzin ist bald zu Ende. Aber wir sind schon fast da. Wir werden auf dem Rückweg tanken.
Fr. Young:	Ja, es ist ja nur mehr eine halbe Meile. Fahr langsam, und ich sage dir dann, wann wir links abbiegen müssen.
Hr. Young:	Ah, hier ist der ideale Picknickplatz!
	…
Lucia:	Ich pack gleich das Essen aus, wenn Sie wollen.
Fr. Young:	Stephan, könntest du diese Flasche Wein öffnen?
Stephan:	Aber sicher. Und ich probier ihn für Sie auch gleich.
Lucia:	Nein, das machst du nicht! Du wirst die Messer und Gabeln auslegen …
Akiro:	… und die Teller und Gläser – und mach es sorgfältig. Herr Young wird den Wein probieren.
Hr. Young:	Nein, ich werde keinen Wein trinken. Ich fahre ja.
Fr. Young:	Nein, nein. Ich werde zurückfahren, wenn du willst.
Hr. Young:	Oh, tust du das wirklich?
Fr. Young:	Ja. Ich werde nur Wasser trinken. Ist das mein Glas?
Lucia:	Ja, das ist Ihrs. Meins ist dort drüben.
Hr. Young:	Gut, dann schenke ich schon mal den Wein ein.
Lucia:	Nur ein kleines Glas für mich, bitte – und für die Jungs!
Stephan:	Oh, aber das wird unserem Englisch sehr gut tun!
Akiro:	Ja, wir werden dann die Sprache fließender sprechen!
Stephan:	Und wir werden dann keine dummen Defekte mehr machen.
Fr. Young:	Wir werden dann keine dummen *Fehler* mehr machen, Stephan!

Zukunftsform – will

Die **will-Zukunft** wird ganz einfach gebildet:
will beziehungsweise ***-'ll*** + **Grundform des Hauptverbs** ▶

I'll help	ich werde helfen *usw.*	***we'll help***
you'll help		***you'll help***
he'll / she'll / it'll help		***they'll help***

Gebrauch der will-Zukunft

Diese Zukunftsform wird gebraucht
bei **allgemeinen Vorhersagen:**

We'll get some petrol on the way back.	Wir werden auf dem Rückweg tanken.

bei **spontanen Absichtserklärungen:**

I'll try the wine.	Ich probiere den Wein. / Ich werde den Wein probieren.
I'll drive back.	Ich fahre zurück. / Ich werde zurückfahren.

Übung 1

B reagiert spontan. **Was sagt er?**

A: She can't open the bottle.
B: I / do / it.

....

A: He's too tired to drive home.
B: No problem – she / drive / us / back.

....

A: I don't think the wine's very good.
B: Oh, it / be / all right.

....

A: I can't carry it.
B: They / help / you.

....

A: Where are the knives and forks?
B: We / get / them.

....

will-Zukunft – Frageform

Will I *find it**?***	Werde ich es finden?
Will you *find it**?*** *usw.*	

Als **Antwort** auf eine spontane Absichtserklärung mit ***will*** antwortet man oft mit der **Kurzform der Frage:**

I'll drive back.	Ich fahre zurück. / Ich werde zurückfahren.
– Will you?	– Tust du das?

will-Zukunft – Verneinung

Die Verneinung von ***will*** heißt ***won't*** (**Kurzform** für ***will not***, das nur zur Betonung verwendet wird):

*I **won't** come.*	Ich komme nicht. / Ich werde nicht kommen.
*You **won't** come. usw.*	

Übung 2

Lesen Sie den Text noch einmal durch. **Was werden sie alle nicht machen?**
Bilden Sie sinnvolle Sätze aus folgenden Satzteilen.

	A	*B*	*C*
1.	Stephan	won't have	home.
2.	Mrs Young	won't drink	any more mistakes.
3.	Lucia	won't make	too much wine.
4.	Mr Young	won't drive	any wine.

1. ....

2. ....

3. ....

4. ....

when – if

When we get back, *I'm going to bed.*	**Wenn** wir heimkommen, gehe ich ins Bett.
I'll tell you ***when we've got to turn left.***	Ich sag dir, **wann** wir nach links abbiegen müssen.
I'll unpack the food ***if you like.***	Ich werde das Essen auspacken, **wenn** Sie wollen.

Aufgepasst

When und ***if*** werden oft verwechselt, haben jedoch eine unterschiedliche Bedeutung:

when	**wenn, wann – etwas geschieht zu einem bestimmten Zeitpunkt, während eines bestimmten Zeitraums** (es steht fest, dass etwas geschehen wird)
if	**wenn, falls – etwas wird geschehen, wenn eine bestimmte Bedingung erfüllt ist** (es ist nicht sicher, ob etwas geschehen wird)

- Als Merkhilfe denken Sie an if = falls.

Übung 3

When oder ***if?***

1. .... we arrive, we'll unpack the picnic things.

2. .... you don't want much, just have a small glass.

3. .... you drive us home, I'll have some wine.

4. .... we get back, we'll go to bed straightaway.

5. .... you go to bed very late, you'll look awful the next day.

half a / an ...

half a mile	eine halbe Meile
half an hour	eine halbe Stunde

Der **unbestimmte Artikel** steht im Gegensatz zum Deutschen **hinter** ***half***.

Unregelmäßige Pluralformen

Substantive, die auf **-fe** oder **-f** enden, bilden den Plural mit **-ves**:

*kni**fe***	*kni**ves***	Messer
*wi**fe***	*wi**ves***	Ehefrau
*loa**f***	*loa**ves***	Brot(laib)
*hal**f***	*hal**ves***	Hälfte

Adverbien

Ein Adverb beschreibt unter anderem ein Verb näher:

Drive slowly.	Fahr langsam.
Do it carefully.	Mach es vorsichtig.

Die meisten von Adjektiven abgeleiteten Adverbien werden durch Anhängen von **-ly** gebildet:

slow	*slow**ly***	langsam
careful	*careful**ly***	vorsichtig
fluent	*fluent**ly***	fließend

Die **Steigerung der Adverbien** ist schnell gemeistert, denn man setzt ganz einfach ***more*** voran:

*We'll speak **more fluently.***	Wir werden fließender sprechen.

Übung 4

Ergänzen Sie die Adverbien.

1. He's a slow and careful driver. He drives .... and ....

2. Her English is fluent. She speaks English ....

3. They are slow students. They are learning ....

4. This exercise is very bad. I've done it ....

5. The food tastes very nice. You've cooked it ....

Substantivische Possessivpronomen – mine, yours

Mit den Possessivpronomen ***my, your, his*** *usw.* sind wir längst bekannt.

Es kommen nun die sogenannten substantivischen Pronomen hinzu, die anstelle eines Substantivs stehen können:

*It's my glass. – It's **mine.***	Es ist mein Glas. – Es ist meines.
*It's your glass. – It's **yours.***	Es ist dein Glas. – Es ist deines.

Die substantivischen Pronomen bleiben ebenfalls in der **Form gleich.**

Hier die Übersicht:

mine	meines, meine(r) *usw.*
yours	deines *usw.* / Ihres *usw.*
his	seines *usw.*
hers	ihres *usw.*
its	seines *usw.* / ihres *usw.*
ours	unseres *usw.*
yours	eueres *usw.* / Ihres *(Pl.)* *usw.*
theirs	ihres *(Pl.)* *usw.*

Übung 5

Wer hat sein Glas? Setzen Sie die passenden Pronomen ein: ***mine, yours, his, hers, ours*** oder ***theirs.***

1. I've already got .... It's full.
2. The boys have got ....
3. Lucia has put .... on the picnic table.
4. That's Stephan's glass. .... is very full.
5. Mrs Young, there's water in this glass. Is it .... ?
6. Yes, the glasses with water are ....

Aufgepasst

mistake – fault

■ Hier war Stephan etwas vorlaut mit seiner Vorhersage, denn das deutsche Wort »Fehler« wird im Englischen unterschiedlich wiedergegeben:

mistake	Fehler, besonders in der Schule, zum Beispiel beim Schreiben:
make a mistake	einen Fehler machen
fault	1. (technischer) Defekt, Materialfehler 2. Schuld
it's your fault	es ist deine Schuld

Wortschatz

bottle	Flasche	**fork**	Gabel
carefully *Adv.*	sorgfältig, vorsichtig	**half a mile**	eine halbe Meile
certainly *Adv.*	sicher	**if**	wenn; falls
drive	fahren	**knife**	Messer
drive back	zurückfahren	**left**	(nach) links
fault	Defekt, Fehler	**low**	niedrig
		mile	Meile
fluently *Adv.*	fließend	**mine**	meines *usw.* ▶

mistake	Fehler	**slowly** *Adv.*	langsam
nearly *Adv.*	fast	**small**	klein
open	öffnen	**try**	probieren
perfect	ideal	**turn**	abbiegen
petrol	Benzin	**unpack**	auspacken
picnic	Picknick	**water**	Wasser
plate	Teller	**way** *in*: **on the way back**	auf dem Rückweg
pour	ausschenken	**wine**	Wein
put out	auslegen	**yours**	deines *usw.*
silly	dumm		

Alkohol

Herr Young lehnt ganz zu Recht das Glas Wein zunächst ab, denn in Großbritannien gibt es sehr strenge Gesetze in Bezug auf Alkohol am Steuer. Durch eine konzertierte Aktion über viele Jahre hinweg haben es Regierung und Polizei gemeinsam geschafft, unter Autofahrern ein verantwortungsvolleres Verhalten am Steuer zu fördern, wozu der stark reduzierte Konsum von Alkohol sehr beigetragen hat. Großbritannien hat somit seit Jahren eine der niedrigsten Verkehrsunfallziffern europaweit.

Guten Appetit!

Als Deutschsprachiger ist man natürlich geneigt, vor einer Mahlzeit »Guten Appetit!« zu wünschen. Dafür gibt es im Englischen keine Entsprechung. Normalerweise wartet man, bis der / die Gastgeber(in) anfängt oder ***»please start«*** sagt. Im Restaurant hört man auch vom Kellner beziehungsweise von der Kellnerin ***»Enjoy your meal.«*** (»Genießen Sie Ihre Mahlzeit.«). Es ist also keineswegs unhöflich, kommentarlos mit dem Essen zu beginnen.

The environment

Mrs Young: We won't want any supper tonight!
Akiro: No, we won't. We've eaten so much.
Mr Young: Yes, we certainly have! But we must get back, and I need some petrol.
Mrs Young: Shall we clear up, then?
Stephan: Yes, and we mustn't leave any litter.
Mrs Young: What are you doing with those empty bottles, Lucia?
Lucia: I'm going to put them in that litter bin behind those trees.
Mrs Young: Oh, don't do that, dear. You mustn't throw bottles away.
Mr Young: We'll take them to the bottle bank next week.
Lucia: The bottle bank? Do you get money for them?
Stephan: No! It's for recycling.
Mrs Young: Yes, you put green, brown and white glass into separate containers.
Mr Young: And there are paper banks and can banks, too.
Stephan: Haven't you heard of environmental conversation, Lucia?

Mrs Young:	You mean conservation! I think you've had too much wine, Stephan!
Akiro:	I'll put these bottles in the car boot – the green one on the right and the white ones over here.
Mr Young:	You haven't got to separate them now, Akiro!

Die Umwelt

Keine Abfälle!

Spart Wasser!

Hunde dürfen den Gehsteig nicht verunreinigen

Haltet Großbritannien sauber!

Nur braunes Glas

Passt auf eure Umwelt auf!

Fr. Young:	Wir werden heute Abend nichts mehr essen wollen!
Akiro:	Nein. Wir haben so viel gegessen.
Hr. Young:	Ja, das haben wir zweifellos! Aber wir müssen zurück, und ich muss tanken.
Fr. Young:	Sollen wir dann schon mal aufräumen?
Stephan:	Ja, und wir dürfen keinen Abfall herumliegen lassen.
Fr. Young:	Was machst du mit den leeren Flaschen, Lucia?
Lucia:	Ich werfe sie in den Abfallkübel dort hinter den Bäumen.
Fr. Young:	Oh, tu das nicht. Du darfst Flaschen nicht einfach wegwerfen.
Hr. Young:	Wir werden sie nächste Woche zur »bottle bank« (*Altglassammelstelle*) bringen.
Lucia:	Zur »bottle bank«? Bekommt man Geld dafür?
Stephan:	Nein! Das ist zum Recyceln.
Fr. Young:	Ja, du gibst grünes, braunes und weißes Glas in separate Container.
Hr. Young:	Und es gibt auch Papiercontainer und Alucontainer.
Stephan:	Hast du denn noch nie von Umweltschwatz gehört, Lucia?
Fr. Young:	Du meinst Umweltschutz! Ich glaube, Stephan, du hast zu viel Wein getrunken!
Akiro:	Ich tue mal diese Flaschen in den Kofferraum – die Grüne rechts und die Weißen hierher.
Hr. Young:	Du musst sie doch jetzt noch nicht trennen, Akiro!

Modales Hilfsverb – mustn't

Aufgepasst

■ ***Must*** in der **Verneinung** hat mit »müssen« nichts zu tun, sondern bedeutet **»nicht dürfen«**:

*We **mustn't** leave any litter.*	Wir dürfen keinen Abfall hinterlassen.
*You **mustn't** throw bottles away.*	Du darfst Flaschen nicht einfach wegwerfen.

Übung 1

Pflicht oder nicht? Vervollständigen Sie die Sätze mit ***mustn't / haven't got to.***

1. You .... drive when you're tired.

2. They .... eat if they aren't hungry.

3. Don't worry, you .... clear up after the picnic.

4. You .... throw the cans in the paper bank.

5. We .... go back yet. It's only half past five.

Übung 2

Fügen Sie die passenden Aussagen zusammen.

1. She wants to speak good English.
2. She mustn't eat so much chocolate.
3. We mustn't forget to get some petrol.
4. Don't separate the white and green bottles now.
5. The litter bin's full.

a We don't want to sleep in the car.
b But she hasn't got to go on a diet.
c We've got to take our litter home in the boot.
d But she hasn't got to speak it perfectly.
e But you must put them in separate containers at the bottle bank.

1. ..... **2.** ..... **3.** ..... **4.** ..... **5.** .....

Pronomen – one, ones

Im Deutschen kann man ohne Weiteres ein Adjektiv anstelle eines Substantivs setzen: »der blaue Wagen« kann zum Beispiel als »der Blaue« bezeichnet werden, oder »die dicke Frau« als »die Dicke«. Im Englischen geht das nicht so einfach, denn man braucht dazu das Stützwort ***one*** (Singular) beziehungsweise ***ones*** (Plural):

the green one	die Grüne (= Flasche)
the white ones	die Weißen (= Flaschen)

Übung 3

One oder ***ones?***

A: Pass me those plates, please.

B: Do you mean these blue ....?

A: No, the big white .... behind them. And a glass, please.

B: A small ....?

A: Yes, a small .... for me, but give the boys large ....

B: Can I have the sandwiches, please?

A: Which ....?

B: The .... with egg and bacon. I love them!

A: Yes, they're delicious. I'll have ...., too.

Kurzantworten mit will

Wie bei den Kurzantworten mit ***do, can*** *usw.*, wird auch hier die **Kurzantwort** durch **Wiederholung des Hilfsverbs** gebildet:

Will you drive back?	Wirst du zurückfahren?
*- No, I **won't**. /*	Nein (tu ich nicht).
*Yes, I **will**.*	Ja (tu ich).

Verb + Präposition / Partikel

Im Englischen gibt es eine Menge Verben, die mit einer Präposition oder einer sogenannten Partikel verbunden werden. Die deutschen Entsprechungen sind meistens zusammengesetzte Verben, in denen ein Präfix der englischen Präposition beziehungsweise der Partikel entspricht:

*clear **up***	**auf**räumen
*throw **away***	**weg**schmeißen
*look **after***	**auf**passen auf

Aus früheren Lektionen hatten wir zum Beispiel auch:

*come **in***	**herein**kommen
*sit **down***	sich **hin**setzen
*get **back***	**zurück**kommen
*go **out***	**aus**gehen
*try **on***	**an**probieren

Übung 4

Unterstreichen Sie den richtigen Ausdruck.

A: Environmental conservation – I've never *heard / heard of* it. What does it mean?

B: It means we must *clear up / look after* the environment.

A: I see. Well, I *mean / think* recycling is a very good idea.

B: Okay. I'll *give back / throw away* the litter and you put the bottles in the car boot.

A: Yes, but don't *throw away / put out* the knives and forks!

Aufgepasst

Beachten Sie, dass ***mean*** zwei Bedeutungen hat: ***Does she mean these blue plates?*** (»Meint sie diese blauen Teller?«), ***What does this word mean?*** (»Was bedeutet dieses Wort?«)

Wortschatz

behind	hinter
bottle bank	Altglascontainer, Altglassammelstelle
brown	braun
can bank	Alucontainer
car boot	Kofferraum
certainly	zweifellos, bestimmt, gewiss
clear up	aufräumen
conservation	*(Umwelt)* Schutz
container	Container
empty	leer
environment	Umwelt
environmental	Umwelt...
foul	verunreinigen
hear	hören
keep	(be)halten
litter	Abfall
litter bin	Abfallkorb, -kübel
mean	meinen
paper bank	Papiercontainer
pavement	Bürgersteig
recycling	recyceln
save	sparen
separate	trennen; getrennt
throw away	wegwerfen
tidy	ordentlich, sauber
tree	Baum

Wiederverwertung

Recycling wurde in Großbritannien schon immer großgeschrieben, obwohl die Altpapier- und Altglascontainer relativ spät eingeführt wurden. Traditionell werden Gebrauchtwaren selten weggeworfen, sondern finden den Weg in eines der vielen ***charity shops*** (»Wohlfahrtsgeschäfte«), die diese billig weiterverkaufen und den Erlös an die entsprechende Wohlfahrtsgesellschaft weitergeben. Wer aber noch etwas Geld an seinem Trödel verdienen möchte, kann es mit einem der vielen ***car-boot sales*** (»Kofferraumverkäufe«) versuchen: einer Art Trödelmarkt, auf dem die Gebrauchtwaren vom Kofferraum aus feilgeboten werden.

Car trouble

Marielle: I was in London yesterday.
Lucia: Oh, how was it?
Marielle: I had a great time, but the weather wasn't so good.
Lucia: We were in the country – it was nice and sunny.
Stephan: Yes, we had a picnic with Mr and Mrs Young. We were home very late.
Marielle: Why was it so late?
Akiro: We were on our way home in the car and suddenly there wasn't any petrol left in the tank.
Lucia: So we were stuck in the middle of the countryside. And it was quite dark.
Marielle: Were you scared?
Stephan: Of course we weren't!
Akiro: Mr Young was very upset because it was his fault.

Lucia:	And he had a long walk to the garage!
Stephan:	There wasn't anything to drink in the car.
Lucia:	Oh, but there was still something to eat.
Stephan:	Just a few biscuits and a bit of cheese.
Lucia:	Well, I was very full after the huge picnic.
Akiro:	Anyway, we had lots of fun – and an excellent English lesson.
Stephan:	Yes, Mrs Young was a brilliant story-teller. Her ghost stories were very exciting.
Lucia:	And scary!
Marielle:	So you were scared!
Lucia:	Well, just a little bit.

Ärger mit dem Auto

Marielle:	Ich war gestern in London.
Lucia:	Oh, wie war's denn?
Marielle:	Ich hab mich riesig amüsiert, aber das Wetter war nicht so gut.
Lucia:	Wir waren auf dem Land – es war schön sonnig.
Stephan:	Ja, wir hatten ein Picknick mit Herrn und Frau Young. Wir kamen sehr spät nach Hause.
Marielle:	Warum war es so spät?
Akiro:	Wir waren auf der Rückfahrt, und plötzlich ging uns das Benzin aus.
Lucia:	Und so blieben wir mitten in der Landschaft stehen. Und es war ziemlich dunkel.
Marielle:	Hattet ihr Angst?
Stephan:	Natürlich nicht!
Akiro:	Herr Young war sehr verärgert, denn es war seine Schuld.
Lucia:	Und er hatte einen langen Weg bis zur Tankstelle!
Stephan:	Es gab nichts zu trinken im Auto.
Lucia:	Oh, aber es gab noch etwas zu essen.
Stephan:	Bloß ein paar Kekse und ein bisschen Käse.
Lucia:	Naja, ich war sehr satt nach dem riesigen Picknick.
Akiro:	Jedenfalls hatten wir jede Menge Spaß – und eine ausgezeichnete Englischstunde.

Stephan:	Ja, Frau Young war eine hervorragende Erzählerin. Ihre Geistergeschichten waren sehr aufregend.
Lucia:	Und unheimlich!
Marielle:	Also hattest du doch Angst!
Lucia:	Nun ja, nur ein kleines bisschen.

Einfache Vergangenheit – be, have

Bei der einfachen Vergangenheit von ***be*** muss man sich nur **zwei Formen** merken, ***was*** und ***were***:

*I **was***	ich war
*you **were***	du warst / Sie waren
*he / she / it **was***	er / sie / es war
*we **were***	wir waren
*you **were***	ihr wart / Sie *(Pl.)* waren
*they **were***	sie waren

Bei ***have*** sieht es noch einfacher aus:

*I **had***	ich hatte
*you **had***	du hattest / Sie hatten
*he / she / it **had***	er / sie / es hatte
*we **had***	wir hatten
*you **had***	ihr hattet / Sie *(Pl.)* hatten
*they **had***	sie hatten

Gebrauch der einfachen Vergangenheit

■ Die einfache Vergangenheit wird unter anderem für Handlungen gebraucht, die in der **Vergangenheit abgeschlossen** wurden. Diese Form erscheint **oft** in Verbindung mit einer **Zeitangabe.**

We had a picnic at the weekend.	Wir haben am Wochenende ein Picknick gemacht.

Wenn es **eindeutig** ist, **wann** sich die Handlung oder das Ereignis abgespielt hat, ist **keine Zeitangabe** notwendig:

We had a good time.	Wir haben uns gut amüsiert.

Einfache Vergangenheit – Verneinung

Die Verneinung wird durch **Hinzufügen** von ***not*** beziehungsweise der **Kurzform *-n't*** gebildet:

I ***wasn't***	ich war nicht
you ***weren't***	du warst nicht / Sie waren nicht
he / she / it ***wasn't***	er / sie / es war nicht
we ***weren't***	wir waren nicht
you ***weren't***	ihr wart nicht / Sie *(Pl.)* waren nicht
they ***weren't***	sie waren nicht

Einfache Vergangenheit – Frageform

was *I?*	war ich?
were *you?*	warst du? / waren Sie?
was *he / she / it?*	war er / sie / es?
were *we?*	waren wir?
were *you?*	wart ihr? / waren Sie? *(Pl.)*
were *they?*	waren sie?

Übung 1

Vervollständigen Sie den Dialog: ***was, wasn't, were*** oder ***weren't.***

A: Where .... you yesterday?

B: We .... in the country with Mr and Mrs Young.

A: .... the weather bad?

B: No, it ....

It .... lovely and sunny.

A: .... Lucia with you?

B: Yes, she .... We had an exciting day.

A: An exciting day?

Why .... that? ▶

B: We .... stuck in the middle of the countryside and there .... any petrol in the tank and it .... dark.

A: .... you scared?

B: No, we .... The Youngs .... quite upset, but it .... really their fault. And we had some fun.

A: Well, that certainly .... fun! We .... stuck on a coach in the middle of London for hours!

something – anything

Der Gebrauch von ***something*** und ***anything*** entspricht dem von ***some*** und ***any*** (siehe Lektion 9).

a few – a little (bit)

Diese Ausdrücke werden verwendet, um **kleine Mengen** auszudrücken:

a few	ein paar, wenige
a few biscuits	ein paar Kekse
only a few people	nur wenige Leute

A few wird beim **Plural** gebraucht. Es kann auch ohne Substantiv erscheinen:

Were there many people?	Waren viele Leute da?
- There ***were a few.***	- Es waren ein paar da.

a little	etwas, ein wenig, ein bisschen
a little cheese	etwas Käse

A little wird beim **Singular** gebraucht. Oft sagt man dafür auch ***a little bit (of)***:

a little bit of cheese	ein kleines bisschen Käse

Folgt kein Substantiv, entfällt das ***of:***

a little bit	ein bisschen

a little bit beziehungsweise ***a bit*** können sich auch auf Adjektive beziehen:

*She was **a (little) bit** **scared.***	Sie hatte ein (kleines) bisschen Angst.

Übung 2

A few oder ***a little?***

A: Would you like some cheese?

B: Just ...., please.

A: I'm sorry, but there are only .... biscuits left.

B: That's okay. Could I have .... bit of fruit?

A: There are only .... grapes and an apple.

B: Oh, I'll have some of the apple – just .... bit.

Übung 3

Sein oder Nichtsein – wie sagt man das auf Englisch? Verwenden Sie die Verben ***have*** oder ***be***.

1. Sie waren auf dem Lande. Sie haben ein Picknick gemacht.

....

....

2. Das Wetter war nicht so gut.

....

....

3. Ich hatte Angst.

....

....

4. Aber wir hatten viel Spaß.

....

....

5. Sie war nicht schuld.

....

....

6. Wir hatten einen langen Weg bis zur Tankstelle.

....

....

7. Sie hatten Hunger und waren müde.

....

....

8. Er hatte Glück.

....

....

Wortschatz

a few	ein paar
a little (bit)	ein wenig / bisschen
anything *in:* **not … anything**	nichts
biscuit	Keks
brilliant	super, hervorragend
cheese	Käse
countryside	Land(schaft)
dark	dunkel
drink	trinken
excellent	ausgezeichnet
exciting	aufregend
fault: *in* **it's his fault**	er ist schuld
full	voll
garage	Tankstelle

ghost story	Geistergeschichte
great *in:* **have a great time**	sich riesig amüsieren
huge	riesig
left *in:* **there isn't any ... left**	...*(Benzin)* ist ausgegangen, kein ... ist mehr übrig
lesson	*(Unterrichts)* Stunde
middle	Mitte
quite	ganz, recht
scared *in:*	
be scared	Angst haben
scary	unheimlich
story-teller	Erzähler(in)
stuck *in:*	
be stuck	festsitzen
suddenly	plötzlich
sunny	sonnig
tank	*(Benzin)*Tank
trouble	Ärger
upset	verärgert
walk	*(Fuß)*Weg, Marsch
way *in:* **on our way home**	auf dem Heimweg
yesterday	gestern

Autos

Herrn Young ist das Benzin ausgegangen. Als umweltbewusster Autofahrer tankt er höchstwahrscheinlich bleifreies Benzin.

Hier die verschiedenen Benzinsorten, die es an britischen Tankstellen gibt:

unleaded	Benzin bleifrei
super unleaded	Super bleifrei
four-star	Super verbleit
diesel	Diesel

Wenn man mit einem europäischen Auto in Großbritannien unterwegs ist, sollte man die Geschwindigkeit grob in Meilen umrechnen können. Als Richtlinie kann man sich merken:
80 km/h = 50 Stundenmeilen

A telephone call

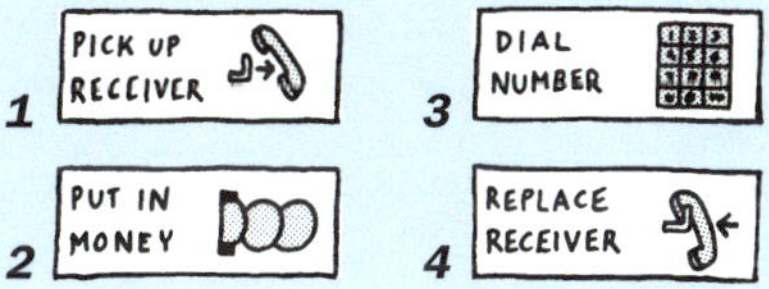

Stephan: You won't believe this. We both wanted to ring home today, and we had a terrible time.
Lucia: Yes, Stephan walked to the nearest post office, but there wasn't a phonebox.
Stephan: And Lucia tried to use the phonebox outside the school, but hers was out of order.
Lucia: Then I walked to the next phone, and it was a coinbox. I only had a phonecard.
Akiro: Oh, that's typical.
Stephan: And I had lots of change, but at my next phonebox I needed a phonecard.
Akiro: So did you look for another phone?
Stephan: No, I didn't.
Akiro: Did you, Lucia?
Lucia: Yes, I did. I wanted to ask somebody for some change, but there wasn't anybody in the street.
Akiro: I know – then Stephan suddenly turned up.
Stephan: Yes! Aren't you clever!
Lucia: So we walked back to Stephan's last phonebox with my card.

▶

Stephan:	And it was third time lucky. I had a nice chat with my family, and Lucia had a very long one with hers.
Lucia:	Yes – we used up all my phonecard!

Ein Telefonanruf

1. Hörer abheben
2. Karte einführen oder Geld einwerfen
3. Wählen
4. Hörer wieder auflegen

Stephan:	Du wirst es nicht glauben. Wir wollten beide heute nach Hause telefonieren, und es war furchtbar.
Lucia:	Ja, Stephan ging zum nächsten Postamt, aber es gab dort keine Telefonzelle.
Stephan:	Und Lucia versuchte, die Telefonzelle draußen vor der Schule zu benutzen, aber diese war außer Betrieb.
Lucia:	Dann ging ich zum nächsten Telefon, und das war ein Münztelefon. Ich hatte aber nur eine Telefonkarte.
Akiro:	Oh, das ist wieder mal typisch.
Stephan:	Und ich hatte jede Menge Kleingeld, aber bei meiner nächsten Telefonzelle brauchte ich eine Telefonkarte.
Akiro:	Hast du dich also nach einem anderen Telefon umgesehen?
Stephan:	Nein.
Akiro:	Und du, Lucia?
Lucia:	Ja. Ich wollte jemanden um Kleingeld bitten, aber es war niemand auf der Straße.
Akiro:	Ich weiß – dann tauchte Stephan plötzlich auf.
Stephan:	Ja! Was bist du klug!
Lucia:	Wir gingen also zurück zu Stephans letzter Telefonzelle, mit meiner Karte.
Stephan:	Und beim dritten Mal hatten wir Glück. Ich hatte einen netten Plausch mit meiner Familie und Lucia einen sehr langen mit ihrer.
Lucia:	Ja – wir haben meine ganze Telefonkarte aufgebraucht!

Einfache Vergangenheit – regelmäßige Verben

Die **regelmäßigen Verben** bilden die einfache Vergangenheit durch Hinzufügen von **-ed:**

want	*want**ed***	wollen
walk	*walk**ed***	laufen
need	*need**ed***	brauchen
turn	*turn**ed***	abbiegen

Dabei wird ein **-y nach** einem **Konsonanten** zu **-ied:**

*tr**y***	*tr**ied***	versuchen
*worr**y***	*worr**ied***	sich Sorgen machen

ein **stummes -e entfällt:**

*believ**e***	*believ**ed***	glauben
*us**e***	*us**ed***	benutzen

und ein **Konsonant nach** einem **kurzen, betonten Vokal** wird **verdoppelt:**

*cha**t***	*cha**tted***	plaudern
*sto**p***	*sto**pped***	aufhören; anhalten

Im Text dieser Lektion, wie in der letzten Lektion auch, wird die einfache Vergangenheit verwendet, um über abgeschlossene Handlungen zu berichten.

Telefonnummern

In Großbritannien werden die Telefonzahlen folgendermaßen ausgesprochen:

01845 72301 ***oh – one – eight – four – five***
seven – two – three – oh – one

Die Ziffern werden also, anders als im Deutschen, in der Regel nicht gepaart. Nur bei Schnapszahlen ist dies der Fall:

01779 222144 ***oh – one – double seven – nine***
triple two – one – double four

Übung 1

Ordnen Sie die folgenden Wortgruppen, um sinnvolle Sätze zu bilden. Das erste Wort im Satz ist jeweils groß geschrieben.

1. to / walked / ring / He / phonebox / nearest / the / to / home

....

....

2. coinbox / was / But / it / a / and / only / phonecard / a / had / he

....

....

3. next / order / phone / The / out / was / of

....

....

4. asked / he / someone / change / some / for / So

....

....

5. back / walked / Then / he / to / phonebox / first / the

....

....

6. number / dialled / He / the / but / anybody / wasn't / there / home / at

....

....

Einfache Vergangenheit – Frageform und Kurzantworten

Bei der **Frageform** kommt wiederum ***do*** zu Hilfe, und zwar in der Vergangenheitsform ***did:***

Did *you look for another phonebox**?***	Hast du dich nach einer anderen Telefonzelle umgesehen?
Did *he have a phonecard**?***	Hatte er eine Telefonkarte?

Die **Kurzantworten** darauf **wiederholen** wie immer ***do:***

- *No, I **didn't.***
- *Yes, he **did.***

Übung 2

Der junge Mann in Übung 1 hatte Pech. Sie kennen jetzt seine Geschichte. **Antworten Sie auf die Fragen mit *Yes, he did. / No, he didn't.***

1. Did he phone from home?

....

2. Did he try to phone home?

....

3. Did he drive to the phonebox?

....

4. Did he need any change?

....

5. Did he talk to his family?

....

somebody – anybody

Somebody und ***anybody*** verhalten sich genauso wie ***some*** und ***any*** sowie deren andere Zusammensetzungen: ***Somebody*** erscheint in **normalen Aussagesätzen** und in **Fragen,** auf die man eine **positive Antwort** erwartet:

I wanted to ask somebody *for some change.*	Ich wollte jemanden um etwas Kleingeld bitten.

***Did somebody** help you?*	Hat dir jemand geholfen?

Anybody erscheint in **verneinten Aussagen** und in **Fragen,** auf die die **Antwort unsicher** ist:

***There wasn't anybody** in the street.*	Es war keiner auf der Straße.
***Did anybody** help you?*	Hat dir irgendjemand geholfen?

Statt ***somebody / anybody*** kann man auch ***someone / anyone*** sagen.

Übung 3

Somebody oder ***anybody?***

1. We tried to find .... to help us.
2. There wasn't .... in the phonebox.
3. I'll ask .... for some change.
4. I didn't believe ....
5. People are very kind. .... will lend you the money.
6. We didn't want to ask ....

Verb – try to

In Lektion 8 haben wir bereits die Konstruktion ***want to*** kennengelernt.

Es gibt noch ein paar englische Verben, die sich mithilfe von ***to*** an ein anderes Verb koppeln lassen:

*I **tried to use** the phonebox outside the school.*	Ich versuchte, die Telefonzelle draußen vor der Schule zu benutzen.

Dazu gehören auch:

forget	vergessen
remember	nicht vergessen, sich erinnern
promise	versprechen

nearest – next

Diese beiden Wörter bedeuten »**nächste(r,-s)**«, jedoch mit einer unterschiedlichen Bedeutung:

nearest **nächstgelegene(r, -s)**

*He walked to the **nearest** post office.*	Er ging zum nächsten Postamt. (= das, das am nächsten lag)

next **nächste(r, -s) in einer Reihe (auch zeitlich)**

*I walked to the **next** phonebox.*	Ich ging zur nächsten Telefonzelle. (= die zweite beziehungsweise dritte *usw.* Telefonzelle)

Übung 4

Ordnen Sie die Sätze zueinander.

1. I must make a phone call.
2. This phonebox is out of order. I can't use it.
3. I want to buy a newspaper.
4. This shop isn't open.

a Where's the next newspaper shop?
b Where's the next phonebox?
c Where's the nearest phonebox?
d Where's the nearest newspaper shop?

1. ..... **2.** ..... **3.** ..... **4.** .....

Wortschatz

another	ein(e) andere(r, -s)
change	Kleingeld
chat	Plausch
clever	klug
coin	Münze
coinbox	Münztelefon
dial	wählen
insert	einführen, einwerfen
look for	suchen, sich umsehen nach
nearest	nächstgelegene(r, -s)
number	Telefonnummer
out of order	außer Betrieb
outside	vor

phonebox	Telefonzelle	**talk**	sprechen
phonecard	Telefonkarte	**telephone call**	Telefonanruf
pick up	abheben	**terrible**	furchtbar
post office	Postamt	**third time lucky**	beim dritten Mal gelingt's
receiver	Hörer	**turn up**	auftauchen
replace	wieder auflegen	**typical**	typisch
ring home	nach Hause telefonieren	**use up**	aufbrauchen
street	Straße		

Telefonieren

In Großbritannien meldet man sich am Telefon privat normalerweise mit der Telefonnummer, zum Beispiel ***»48936.«***; manche Leute sagen einfach ***»Hello?«***. Man meldet sich hauptsächlich nur bei Firmen namentlich, wobei man nie ausschließlich den Nachnamen angibt, wie in den deutschsprachigen Ländern, sondern den vollen Namen (***»Penny Young.«*** beziehungsweise ***»Mrs Young.«***).

Neben dem Festnetz (***landline***) gibt es inzwischen wie überall immer mehr Mobiltelefone, die auf Englisch ***mobile*** bzw. ***mobile phone*** heißen und **nicht** Handy!

Wenn Stephan und Lucia ein Handy (***mobile*** oder ***mobile phone***) gehabt hätten, wäre alles problemlos gelaufen. Damit es nicht zu teuer wird, hätten sie ihrer Familie auch eine SMS schicken können (***text somebody***).

Hier noch einige Abkürzungen, die in englischen SMS-Nachrichten (***text messages***) sowie E-Mails verwendet werden:

CU – see you	tschüs!, man sieht sich
BFN – bye for now	bis bald!
LOL – laughing out loud	lautes Auflachen
– lots of love	viele liebe Grüße
X – kiss	Bussi

Brave students

Mr Young: Listen to this:

Students save elderly woman from fire

Three young students from the Excel language school saved a woman from a fire at 13 Derwent Road on Wednesday afternoon. The students heard a cry for help and saw flames in the ground floor flat of the Victorian house. They ran to the house, broke a window and helped Mrs Ethel Ward, 75, out.

Mrs Ward later said that she was in the kitchen when the frying pan caught fire. The flames quickly got out of control and spread to the hall and living room.

Mrs Ward was unhurt, but the fire caused severe damage to her home.

Did you know about this, you three?

Lucia: Well, we didn't want to say anything, but actually, that was us.

Mrs Young: What? And you didn't tell us about it?

Akiro:	We just didn't want our names in the paper.
Mr Young:	How did you break the window?
Stephan:	With a big stone.
Mrs Young:	But why didn't the lady open the window?
Akiro:	She was too shocked.
Lucia:	But not too shocked to thank us afterwards.
Mr Young:	Well, we must celebrate this. How about a day out in London?
Stephan:	Yes!
Akiro:	Great!
Lucia:	Brilliant idea!

Mutige Studenten

Hr. Young: Hört euch das an:

Studenten retten ältere Dame vor dem Feuer
Drei junge Studenten von der Excel Sprachenschule retteten am Mittwochnachmittag eine Frau vor dem Feuer in der Derwent Straße 13. Die Studenten hörten einen Hilferuf und sahen Flammen in der Erdgeschosswohnung des viktorianischen Hauses. Sie liefen zum Haus, schlugen ein Fenster ein und halfen Frau Ethel Ward, 75, heraus.
Frau Ward sagte später, sie war in der Küche, als die Bratpfanne Feuer fing. Die Flammen gerieten schnell außer Kontrolle und breiteten sich im Flur und im Wohnzimmer aus.
Frau Ward blieb unverletzt, aber das Feuer verursachte schweren Schaden an ihrem Haus.

	Habt ihr drei davon gewusst?
Lucia:	Nun ja, wir wollten ja nichts davon sagen, aber eigentlich waren wir das.
Fr. Young:	Was? Und ihr habt uns nichts davon erzählt?
Akiro:	Wir wollten bloß nicht, dass unsere Namen in der Zeitung erscheinen.
Hr. Young:	Wie habt ihr das Fenster eingeschlagen?
Stephan:	Mit einem großen Stein.
Fr. Young:	Aber warum hat die Dame denn nicht das Fenster aufgemacht?

Akiro:	Sie war zu schockiert.
Lucia:	Aber nicht zu schockiert, um sich bei uns danach zu bedanken.
Hr. Young:	Nun, das müssen wir wohl feiern. Wie wär's mit einem Ausflug nach London?
Stephan:	Ja!
Akiro:	Großartig!
Lucia:	Ausgezeichnete Idee!

Übung 1

Unterstreichen Sie den richtigen Ausdruck.

1. Students *of / from* the Excel language school heard a cry *of / for* help.
2. The students were very *brave / good*. They saved a woman *from / of* a fire.
3. The fire was *at / on* 13 Derwent Road *at / on* Wednesday afternoon.
4. They *broke / broke in* a window and helped the lady out *quick / quickly*.

Einfache Vergangenheit – unregelmäßige Verben

Bei den unregelmäßigen Verben muss man die Vergangenheitsform auswendig lernen (siehe dazu die Liste im Anhang, Seiten 265–266), hier einige Beispiele:

hear	***heard***	hören
see	***saw***	sehen
run	***ran***	laufen, rennen
say	***said***	sagen

Es gibt auch solche Verben, deren Form in der Vergangenheit gleich bleibt:

spread	***spread***	sich verbreiten
let	***let***	lassen
hurt	***hurt***	wehtun

Übung 2

Fügen Sie die jeweilige Vergangenheitsform der entsprechenden Liste zu. Fangen Sie mit den regelmäßigen (***-ed***) Formen an.

ask, break, catch, cause, get, hear, hurt, let, like, live, love, help, knock, run, save, say, see, spread, tell, turn, walk, want.

Regelmäßig	*Unregelmäßig*
asked	broke
....	....
....	....
....	....
....	....
....	....
....	....
....	....
....	....
....	....
....	....

Einfache Vergangenheit – Verneinung

Die Verneinung der einfachen Vergangenheit bildet man mithilfe der Vergangenheitsform von ***do:***

didn't + Grundform des Hauptverbs

*We **didn't want** to say anything.*	Wir wollten nichts sagen.
*You **didn't tell** us about it.*	Ihr habt uns nicht davon erzählt.

Einfache Vergangenheit – Fragen mit Fragewörtern how, why …

Hier erscheint vor der Frageform (die wir in Lektion 22 behandelt haben) das Fragewort:

how / why *usw.* + ***did / didn't*** + **Grundform des Hauptverbs**

How did *you* ***break*** *the window?*	Wie habt ihr das Fenster kaputt gemacht?
Why didn't *she* ***open*** *the window?*	Warum hat sie das Fenster nicht aufgemacht?
When did *he* ***buy*** *that?*	Wann hat er das gekauft?

Übung 3

Stellen Sie die Fragen.

1. What ....?
They heard a cry for help.

2. Where ....
to?
They ran to the house.

3. What ....?
They saw flames in the house.

4. How ....?
They broke the window with a stone.

5. Where ....?
They spread to the hall and the living room.

Übung 4

Ein Polizist stellt der alten Dame einige Fragen. **Wie lauten sie?**

1. How / the / frying pan / catch fire?

....

....

2. What / you / try / to do / at first?

....

....

3. Why / you / not open / the window?

....

....

4. Why / you / not ring / the police?

....

....

5. How much damage / the fire / cause?

....

....

6. What / you / say / to the students?

....

....

Aufgepasst!

Verben tell – say

■ Beide Verben bedeuten »sagen« (***tell*** heißt auch »erzählen«), werden aber unterschiedlich gebraucht:
Tell verlangt eine **unmittelbare Ergänzung,** meistens in Form einer **Person** beziehungsweise eines **Personalpronomens:**

Tell us *about the castle.*	Erzähl uns über das Schloss.
I'll tell you *when to look.*	Ich sag dir, wann du gucken sollst.
You didn't tell the Youngs.	Du hast es den Youngs nicht gesagt / erzählt.

▶

Say wird oft **von *that*** (»dass«) **gefolgt:**
She said that *she was tired.* — Sie sagte, dass sie müde sei.

Man **kann** aber auch ***that*** **weglassen:**
She said *she was tired.*

Eine **Person** beziehungsweise ein **Personalpronomen** kann **nur** auf ***say*** folgen, **wenn** sie beziehungsweise es durch die **Präposition *to*** verknüpft wird:
I said to him (that) *I was hungry.* — Ich sagte ihm, dass ich Hunger hatte.

Hier hätte man aber auch ***tell*** (**ohne *to!***) benutzen können:
I told him *I was hungry.*

Übung 5

Streichen Sie aus folgenden Sätzen das Wort, das falsch ist oder weggelassen werden kann.

1. She told to the police that she was unhurt.
2. The paper said that there was severe damage.
3. Tell to them to get out quickly.
4. Did you tell the students that you were too shocked?

Wortschatz

afterwards	danach, hinterher	**damage**	Schaden
brave	mutig	**elderly**	ältere(r, -s)
break	einschlagen, zerschlagen	**fire**	Feuer
catch	fangen, *(Bus)* erwischen	**flame**	Flamme
catch fire	Feuer fangen	**flat**	Wohnung
cause	verursachen	**frying pan**	Bratpfanne
celebrate	feiern	**get out of control**	außer Kontrolle geraten
cry *in:*		**ground floor**	Erdgeschoss
cry for help	Hilferuf	**help out**	hinaushelfen

▶

listen to	sich anhören	**spread**	sich verbreiten
living room	Wohnzimmer	**stone**	Stein
quickly *Adv.*	schnell	**thank someone**	sich bei jemandem bedanken
run	laufen, rennen	**unhurt**	unverletzt
save	retten	**Victorian**	viktorianisch
severe	schwer, schlimm	**window**	Fenster
shocked	schockiert		

Notruf

Für den Notfall sollte man die Notrufnummer in Großbritannien wissen: ***999.*** Diese kann man sich natürlich leicht merken, denn sie klingt wie »Nein, nein, nein!«. Sie gilt für Polizei ***(police)***, Krankenwagen ***(ambulance)*** und Feuerwehr ***(fire brigade)***.

Baustile

Der Brand brach in einem ***Victorian house*** (viktorianischen Haus) aus. Solche Häuser wurden während der Regierungszeit Königin Victorias (1837–1901) gebaut und sind meist durch auffallend dekorierte Fassaden gekennzeichnet. Die viktorianische Architektur enthielt oft mittelalterlich-gotische Elemente. Die ***Houses of Parliament*** mit ihren Spitzbögen und filigranen Dekorationen sind ein berühmtes Beispiel dafür. Andere historische Häuserstile werden ebenfalls nach Monarchen benannt, so zum Beispiel ***Georgian*** (nach den Königen George I, II und III im 18. Jahrhundert), ein durch seine schlichten klassischen Linien gekennzeichneter Stil, und ***Edwardian*** (nach Edward VII, 1901-1910), mit großzügigen Räumen und Jugendstilelementen.

Fully booked

Man:	Hello, box office.
Mr Young:	Hello, I'd like to book five tickets in the stalls for *Phantom of the Opera*, please.
Man:	Which day, sir?
Mr Young:	Next Friday.
Man:	I'm afraid we're fully booked until the 29th of May.
Mr Young:	Oh dear. Well, thank you anyway. Bye.
	…
Mrs Young:	Ah, here he is. Did you remember to book the tickets for the show?
Mr Young:	They're completely booked until the end of May.
Lucia:	Oh, what a shame. I really wanted to go to Her Majesty's Theatre.
Stephan:	To see the Queen!
Mrs Young:	Actually, she was there two years ago. Do you remember seeing her, dear?
Mr Young:	How could I forget seeing the Queen!
Lucia:	What was she like?
Mrs Young:	Quite small, a bit grey, but very elegant.
Mr Young:	Yes. We had seats in the balcony. Suddenly they played the national anthem and everybody stood up.
Mrs Young:	We looked across at the Royal Box, and there she was!
Stephan:	The Royal Box? Did they bring her in a box?
Akiro:	Of course not! That's where the Royal Family sits. You should know, Mr König!
Mr Young:	She was with a tall, dark and handsome man.

Lucia:	Prince Charles!
Akiro:	But which play did you see?
Mr Young:	I'm afraid I can't remember the play.
Mrs Young:	I can't either. The Royals were more interesting than the play!

Ausgebucht

Mann:	Theaterkasse.
Hr. Young:	Guten Tag, ich möchte gern fünf Karten vorbestellen für *Phantom der Oper*, Parkett, bitte.
Mann:	An welchem Tag, bitte?
Hr. Young:	Nächsten Freitag.
Mann:	Wir sind leider bis zum 29. Mai ausgebucht.
Hr. Young:	Oh je. Na dann trotzdem vielen Dank. Wiederhören.
	...
Fr. Young:	Ah, da ist er ja. Hast du daran gedacht, die Karten für die Vorstellung reservieren zu lassen?
Hr. Young:	Sie sind total ausgebucht bis Ende Mai.
Lucia:	Oh, wie schade. Ich wollte so gern in Her Majesty's Theatre (»*Das Theater Ihrer Majestät*«) gehen.
Stephan:	Um die Königin zu sehen!
Fr. Young:	Sie war tatsächlich vor zwei Jahren da. Erinnerst du dich, wie du sie gesehen hast, Schatz?
Hr. Young:	Wie könnte ich vergessen, die Königin gesehen zu haben!
Lucia:	Wie sah sie aus?
Fr. Young:	Ziemlich klein, ein bisschen grau, aber sehr elegant.
Hr. Young:	Ja. Wir saßen im obersten Rang. Plötzlich spielten sie die Nationalhymne, und alle standen von ihren Plätzen auf.
Fr. Young:	Wir schauten zur »Royal Box«[1] hinüber, und da war sie!
Stephan:	Die »Royal Box«? Brachte man sie in einer Kiste?
Akiro:	Natürlich nicht! Das ist, wo die königliche Familie sitzt. Du solltest es wissen, Herr König!
Hr. Young:	Sie war mit einem großen, dunklen, feschen Mann.
Lucia:	Prince Charles!
Akiro:	Aber welches Stück haben Sie gesehen?
Hr. Young:	Ich kann mich leider nicht an das Stück erinnern.
Fr. Young:	Ich mich auch nicht. Die königliche Familie war interessanter als das Stück!

[1]Königsloge (box *heißt auch* »Kiste«, »Kasten«)

Übung 1

Ordnen Sie die folgenden Wortgruppen zu sinnvollen Sätzen.

A: tomorrow / please / for / tickets / I'd / two / evening / like

....

B: sir / seats / which ?

....

A: stalls / in / the / or / balcony / the / in

....

B: the / left / no / I'm / seats / there / stalls / in / afraid / are

....

A: please / then / seats / two / balcony

....

B: £45 / 'll / / that / be

....

A: do / cards / take / credit / you ?

....

B: course / sir / of / me / give / just / number / the *(zwei Sätze)*

....

Aufgepasst

Verben remember – forget

Bei ***remember*** und ***forget*** ändert sich die Bedeutung, je nach der Form des darauf folgenden Verbs:

■ ***remember to***	**daran denken / nicht vergessen, zu**
***Did you remember to book** the tickets?*	Hast du **daran gedacht**, die Karten **zu reservieren**?
Will he remember to ring up?	Wird er **daran denken / auch nicht vergessen, anzurufen**?

Remember + to kann in **jeder Zeit** vorkommen. ▶

■ ***remember ...-ing***	**sich daran erinnern, etwas getan / erlebt zu haben**
I remember watching *the Royals.*	Ich **erinnere mich daran**, die königliche Familie **beobachtet zu haben.**

Remember + ...-ing bezieht sich **nur** auf die **Vergangenheit.**

Bei ***forget*** sieht es ähnlich aus:

■ ***forget to***	**vergessen, zu**
I forgot to book *the tickets.*	Ich **habe vergessen**, die Karten **zu reservieren.**

Forget + to kann in **jeder Zeit** erscheinen.

■ ***forget ...-ing***	**vergessen, wie**
I'll never forget seeing *the Queen.*	Ich werde **nie vergessen, wie** ich die Königin **gesehen habe.**

Forget + ...-ing erscheint **meistens** mit ***not*** oder ***never*** und bezieht sich **nur** auf die **Vergangenheit.**

Übung 2

Remember und ***forget.*** Ob Sie sich an die Regeln erinnern? **Versuchen Sie, die Sätze einander zuzuordnen.**

1. I'll book the seats tomorrow.
2. He saw her when he walked into the room.
3. We've still got Mum's ticket for the play.
4. I met Prince Charles at the theatre.
5. He promised to help me with it.
6. I can't find my keys.

a We must remember to give it to her.
b I remember putting them on the kitchen table.
c I mustn't forget to ring the theatre.
d He'll never forget seeing her in that elegant grey dress.
e I'll always remember speaking to him.
f Then he forgot to come.

1. ..... **2.** ..... **3.** .....

4. ..... **5.** ..... **6.** .....

Übung 3

Ergänzen Sie die Sätze mit ***remember / forget ...-ing*** oder ***remember / forget to.***

1. Please remember .... (ring) home.

2. I remember .... (see) my first opera. I was fifteen.

3. Don't forget .... (bring) me a glass of wine, too.

4. I'll never forget .... (see) everyone stand up for the national anthem.

5. They forgot .... (take) their theatre tickets with them.

6. We'll always remember .... (listen to) those scary ghost stories.

Adverb – ago

Ago heißt »**vor**« und wird in Zeitausdrücken wie Folgenden verwendet:

five years ago	vor fünf Jahren
a month ago	vor einem Monat
two minutes ago	vor zwei Minuten
some time ago	vor einiger Zeit

Übung 4

Achten Sie auf die Zeitangabe und setzen Sie jeweils die einfache Vergangenheitsform ein.

1. We .... (see) *Phantom of the Opera* in Hamburg a year ago.

2. She .... (live) in Paris when she was 16.

3. They .... (be) at that show two weeks ago.

4. I .... (forget) to ring home last night.

5. He .... (get up) an hour ago.

6. I .... (have) my supper before the show.

7. They .... (catch) the coach early this morning.

8. I .... (book) the seats yesterday.

Aufgepasst

stand up – get up

Beide Ausdrücke bedeuten »**aufstehen**«, jedoch gibt es einen wichtigen Unterschied.

Im Text heißt es:

Everybody stood up.	Alle standen auf.

In Lektion 6 hieß es von den Youngs:

They get up at seven.	Sie stehen um sieben auf.
get up	aufstehen, vor allem **aus dem Bett**
stand up	**von einem Stuhl** o. Ä. aufstehen

Falls Sie unsicher sind, benutzen Sie einfach ***get up,*** denn das bedeutet in jedem Kontext »aufstehen«.

not ... either

not / -n't ... either	auch nicht
*I can**'t** remember the play **either.***	Ich kann mich **auch nicht** an das Stück erinnern.

Übung 5

Too* oder *either?

A: I remember seeing that cowboy film.

B: Yes, I saw it, ...

A: I didn't like it.

B: No, I didn't ....

A: I can't remember the story.

B: I can't .... I just remember it was terrible.

A: But I'd like to see Robert de Niro's new film.

B: I would, ...

A: Let's go and see it then.

Wortschatz

across hinüber
afraid *in:*
I'm afraid leider
ago *in:*
two years ago vor zwei Jahren
balcony oberster Rang
book bestellen, reservieren
box Kasten, Kiste
box office Theaterkasse
bring bringen
bye Wiederhören
completely völlig
either *in:*
not either auch nicht
elegant elegant
end Ende
fully booked vollkommen ausgebucht
grey grau
handsome gut aussehend, fesch
national anthem Nationalhymne
play Theaterstück
prince Prinz
queen Königin
remember sich erinnern; daran denken
Royal Box Königsloge
Royal Family königliche Familie
Royals Mitglieder der königlichen Familie
seat Sitzplatz
shame *in:*
what a shame wie schade
show Vorstellung

sir	mein Herr *(im Deutschen als Anrede aber nicht mehr üblich, daher unübersetzt)*	**stalls** *(Pl.)*	Parkett
		stand up	aufstehen
		tall	groß
		until	bis
		watch	beobachten

Zusatz-wortschatz

Personenbeschreibung

thin	dünn	**fair**	hellhäutig
slim	schlank	**fair-haired**	blond
plump	rundlich	**dark-haired**	dunkelhaarig
short	klein	**pretty**	hübsch

Kulturveranstaltungen

Für Theaterbegeisterte hat London natürlich jede Menge Angebote. Falls die Englischkenntnisse noch nicht für ein Theaterstück ausreichen, gibt es genügend Musicals, Opern und andere musikalische Aufführungen.

Wer die Zeit zum Anstehen hat, kann es am Kiosk am ***Leicester Square*** versuchen, wo man für bestimmte Aufführungen Karten zum halben Preis bekommt.

Für Matineevorstellungen ***(matinee performances)*** bekommt man generell leichter Karten. Diese Vorstellungen finden – trotz des Namens – meistens am Nachmittag statt.

Für den Theaterbesuch ist es nützlich zu wissen, wie die diversen Sitzbereiche heißen:

stalls	Parkett
dress circle	erster Rang
upper circle	zweiter Rang
balcony / gallery	oberster Rang
box	Loge

A day in London

Waiter:	Are you ready to order?
Mr Young:	Yes. Stephan?
Stephan:	I'd like steak and chips, please.
Waiter:	How would you like your steak?
Stephan:	Um, well done, please.
Akiro:	The grilled salmon for me, please.
Lucia:	And I'll have a large mixed salad with Italian dressing.
Mrs Young:	Is that all?
Lucia:	Yes, I'm trying hard to lose weight.
Mrs Young:	Hm, perhaps I should have the vegetarian dish.
Mr Young:	And I'll take the roast beef. I feel quite hungry after that boat trip down the Thames.
Waiter:	What would you like to drink?
Mr Young:	Could I have a look at the wine list, please? We've got something special to celebrate.
	…
Mrs Young:	So, what do you all want to do after lunch?

Akiro:	I'd like to go to Madame Tussaud's.
Lucia:	How about the National Gallery?
Stephan:	Or the London Dungeon?
Mr Young:	Well, we can't do everything, so let's do a bus tour of London first, and then we'll see.
Mrs Young:	Okay. Some more coffee anybody? Nobody?
Mr Young:	Let's pay, then. Could we have the bill, please?
	…
Lucia:	Excuse me, where's the ladies?
Waiter:	Downstairs in the basement, Madam.
	…
Stephan:	Where's Lucia?
Mrs Young:	She's gone to spend a penny.
Stephan:	Spend a penny? What can you buy for a penny?
Mrs Young:	That's just an expression, Stephan! Can't you guess where she's gone?

Ein Tag in London

Ober:	Möchten Sie schon bestellen?
Hr. Young:	Ja. Stephan?
Stephan:	Ich hätte gern ein Steak mit Pommes, bitte.
Ober:	Wie hätten Sie Ihr Steak denn gerne?
Stephan:	Äh, gut durch, bitte.
Akiro:	Den gegrillten Lachs für mich, bitte.
Lucia:	Und ich nehme einen großen gemischten Salat mit italienischem Dressing.
Fr. Young:	Ist das alles?
Lucia:	Ja, ich bemühe mich schwer, abzunehmen.
Fr. Young:	Hm, vielleicht sollte ich das vegetarische Gericht nehmen.
Hr. Young:	Und ich nehme das Roastbeef. Ich bin ganz schön hungrig nach dieser Bootsfahrt entlang der Themse.
Ober:	Was möchten Sie trinken?
Hr. Young:	Könnte ich mir bitte die Weinkarte ansehen? Wir haben etwas Besonderes zu feiern.
	…

Fr. Young:	So, also was möchtet ihr denn alle nach dem Mittagessen machen?
Akiro:	Ich würde gerne zu Madame Tussaud's gehen.
Lucia:	Wie wär's mit der National Gallery?
Stephan:	Oder mit dem London Dungeon?
Hr. Young:	Tja, wir können nicht alles machen – lasst uns doch zuerst eine Stadtrundfahrt durch London machen, und dann schau'n wir mal.
Fr. Young:	Okay. Will noch irgendjemand Kaffee? Keiner?
Hr. Young:	Lasst uns dann zahlen. Könnten wir bitte die Rechnung haben!
	...
Lucia:	Entschuldigung, wo ist die Damentoilette?
Ober:	Eine Treppe tiefer im Untergeschoss.
	...
Stephan:	Wo ist denn Lucia?
Fr. Young:	Sie ist »einen Penny ausgeben« (*zur Toilette*) gegangen.
Stephan:	Einen Penny ausgeben? Was kann man denn für einen Penny kaufen?
Fr. Young:	Das ist nur so ein Ausdruck, Stephan. Kannst du es dir nicht denken, wohin sie gegangen ist?

Übung 1

Gone* oder *been?

1. She's back now. She's just .... to the toilet.

2. I can't see him. I think he's .... downstairs.

3. They're not here. They've .... out for a meal.

4. You speak English very well. Of course – you've .... to England.

5. He's out. It's so lovely, he's .... on a boat trip.

6. I've never .... to the National Gallery.

Unregelmäßige Adverbien

In Lektion 19 haben wir uns schon mit den **regelmäßigen Adverbien** beschäftigt, die durch Hinzufügen von **-ly** an das Adjektiv gebildet werden.

Es gibt natürlich auch **unregelmäßige Adverbien:**

*I'd like my steak **well done.***	Ich hätte mein Steak gern gut durch(gebraten).

Das Adverb von ***good*** (gut) lautet ***well.***

Dann gibt es solche Adverbien, die die **gleiche Form** haben **wie das Adjektiv:**

*This is a **hard exercise**.*	Dies ist eine schwere Übung.
***I'm trying hard** to lose weight.*	Ich bemühe mich schwer, abzunehmen.

Hier eine Übersicht der wichtigsten solcher Adverbien (beachten Sie dabei, dass die Bedeutung in manchen Fällen leicht abweicht):

Adjektiv		*Adverb*	
hard	hart, schwer	***hard***	fest, schwer, stark
high		***high***	hoch
low		***low***	niedrig
fast		***fast***	schnell
early		***early***	früh
late		***late***	spät
long	lang	***long***	lange
near		***near***	nah
far		***far***	weit

Das war's aber noch nicht ganz, denn an manche dieser Adverbien kann man ein **-ly** anhängen, was ein ganz neues Wort ergibt:

hardly	kaum
highly	höchst
lately	in letzter Zeit
nearly	fast

Übung 2

Unterstreichen Sie das richtige Wort.

1. He worked very *hard / hardly* and very *fast / fastly.*

2. They speak *hard / hardly* any English.

3. We lived *near / nearly* Madame Tussaud's.

4. Let's go. It's *near / nearly* 11 o'clock.

5. I arrived *late / lately.*

6. We haven't been to that restaurant *late / lately.*

7. I'm not going up there. It's too *high / highly.*

8. That is a *high / highly* interesting story.

Übung 3

Setzen Sie das passende Wort ein: ***done, dressed, made*** oder ***read.***

A: I've just finished 10 exercises!

B: Well ....

A: She knows all Shakespeare's plays.

B: She's very well ....

A: He's tall, dark and handsome.

B: Yes, and very well

........................, too.

A: What a lovely jacket!

B: Yes, it is. It's very well

....

Bestellen

Beachten Sie die verschiedenen Möglichkeiten, zu bestellen:

I'd like steak and chips, please.	Ich hätte gern ein Steak mit Pommes, bitte.
I'll have a large mixed salad.	Ich nehme einen großen gemischten Salat.
I'll take the roast beef.	Ich nehme das Roastbeef.
The grilled salmon for me, please.	Den gegrillten Lachs für mich, bitte.

Steakliebhaber sollten sich folgende Zubereitungsmöglichkeiten merken:

well done	gut durch(gebraten)
medium	mittel
medium rare	englische Art
rare	blutig

Übung 4

Ordnen Sie die Sätze zueinander. Bevor Sie sich die Lösungen ansehen, versuchen Sie, die Sätze selber zu formulieren.

Sie möchten

1. Steak, englische Art.
2. die Karte und die Getränkekarte.
3. die Rechnung.
4. wissen, wo die Toiletten sind.
5. wissen, wo Sie telefonieren können.

a Excuse me, where can I find a telephone?
b Could I have the menu and the wine list, please?
c Excuse me, where are the toilets, please?
d I'd like the steak – medium rare, please.
e Could I have the bill, please?

1. ..... **2.** ..... **3.** .....

4. ..... **5.** .....

Negativformen

Neben ***nothing*** (»nichts«) gibt es noch folgende Negativformen:

nobody	niemand, keiner
nowhere	nirgends, nirgendwo

Hier zur Erinnerung die Übersicht der verschiedenen Varianten:

somebody	***anybody***	***nobody***
something	***anything***	***nothing***
somewhere	***anywhere***	***nowhere***

Übung 5

Wie lauten die Wörter?
Alle enden mit ***-body, -thing*** oder ***-where.***

1. Some more wine, any.................?

2. We can't do every................. .

3. No................. liked it. It was horrible.

4. It's expensive every................. .

5. Are you okay? Is any................. the matter?

6. I think it's some................. near here.

7. It's a good restaurant. There's no................. better to eat.

8. Let's do some................. interesting.

9. I'm sure some................. ordered the vegetarian dish.

Ausdrücke mit look

Inzwischen sind wir einer Menge Ausdrücke mit ***look*** begegnet. Hier eine Liste:

look	schauen, gucken; aussehen
look after	sich kümmern um, aufpassen auf
look at	anschauen
look for	suchen, sich umsehen nach
look forward to	sich freuen auf
have a look at	sich ansehen
have a look round	sich umsehen

Wortschatz

all	alles
anybody	irgendjemand
basement	Untergeschoss
bill	Rechnung
boat trip	Bootsfahrt
bus tour	Rundfahrt
dish	Gericht
down *in:* **down the Thames**	der Themse entlang
dressing	Dressing, Salatsoße
dungeon	Burgverlies
expression	Ausdruck
feel	sich fühlen
feel hungry	Hunger haben
grilled	gegrillt
guess	erraten
hard	schwer, sehr
have a look at something	sich etwas ansehen
ladies *in:* **the ladies**	die Damentoilette
large	groß
lose weight	abnehmen
mixed	gemischt
nobody	keiner, niemand
pay	zahlen
perhaps	vielleicht
roast beef	Roastbeef
salad	Salat
salmon	Lachs
special	besondere(r, -s)
spend a penny	»austreten«
Thames	Themse
vegetarian	vegetarisch
well done	gut durch, (gebraten)
wine list	Getränke-, Weinkarte

Im Restaurant

Der schlechte Ruf des englischen Essens ist längst nicht mehr gerechtfertigt. Unter anderem durch ausländische Einflüsse hat sich eine endlose Vielfalt an Essensvarianten entwickelt, und die Qualität ist in vielen Restaurants ausgesprochen gut.

Herr Young fragt nach der ***wine list.*** Diese enthält alle angebotenen Getränke, also nicht nur Weine. Falls auf der Speisekarte selber keine Getränke aufgeführt sind, sollte man nach der ***wine list*** fragen.

Generell wird in britischen Restaurants ein Trinkgeld ***(a tip)*** von ca. 10% gegeben, das man nach Rechnungsbegleichung auf dem Teller oder Tisch hinterlässt beziehungsweise auf der Kreditkartenrechnung hinzufügt. Diese 10% sollten Sie also zu den aufgeführten Preisen hinzurechnen. Steht auf der Speisekarte oder Rechnung ***Service included*** beziehungsweise ***Service charge included*** (»inklusive Bedienung«), brauchen Sie natürlich kein weiteres Trinkgeld zu hinterlassen – es sei denn, der Service war besonders gut.

Lucia fragt: ***»Where's the ladies?«*** ***Ladies*** ist die geläufige Kurzform von ***ladies' toilets*** (Damentoiletten). Stephan hätte fragen müssen: ***»Where's the gents?«*** (»Wo sind die Herrentoiletten?«). Man muss es aber nicht unbedingt geschlechtsspezifisch ausdrücken, sondern darf auch einfach fragen: ***»Where are the toilets?«*** (»Wo sind die Toiletten?«). Beachten Sie, dass ***the ladies*** und ***the gents*** trotz Pluralform als Singular betrachtet werden.

Test 4

1 Entscheiden Sie sich für eine der beiden Lösungen. Springen Sie dann zu dem durch die Nummer bezeichneten Feld.

2 It's heavy. I … help you.

'll ➪ 8
'm going to ➪ 15

6 Falsch!

Wieder zurück zu Nummer 8.

7 Falsch!

Wieder zurück zu Nummer 4.

11 Falsch!

Wieder zurück zu Nummer 29.

12 Sehr gut, weiter
I'll never forget … the Queen.

meeting ➪ 16
to meet ➪ 24

16 Gut, weiter: I must remember … her.

to phone ➪ 22
phoning ➪ 18

17 Falsch!

Wieder zurück zu Nummer 22.

21 Falsch!

Wieder zurück zu Nummer 13.

22 Richtig! We didn't get any tickets … .

too ➪ 17
either ➪ 19

26 Falsch!

Wieder zurück zu Nummer 30.

27 Gut, weiter: I'd like a … wine, please.

few ➪ 23
little ➪ 12

3 Falsch!

Wieder zurück
zu Nummer 5.

4 Gut, weiter:
She's a friend
of … .

his ➪ 20
him ➪ 7

5 Richtig, weiter:
There wasn't …
more to eat.

some ➪ 3
any ➪ 13

8 Richtig, weiter:
He won't …
another mistake.

do ➪ 6
make ➪ 25

9 Falsch!

Wieder zurück
zu Nummer 25.

10 Falsch!

Wieder zurück
zu Nummer 14.

13 Richtig, weiter:
It's … over there.

anywhere ➪ 21
somewhere ➪ 29

14 Sehr gut, weiter:
You've done
it … .

good ➪ 10
well ➪ 30

15 Falsch!

Wieder zurück
zu Nummer 2.

18 Falsch!

Wieder zurück
zu Nummer 16.

19 Richtig!

Ende der Übung.

20 Prima, weiter:
Which plates?
The blue … .

ones ➪ 5
one ➪ 28

23 Falsch!

Wieder zurück
zu Nummer 27.

24 Falsch!

Wieder zurück
zu Nummer 12.

25 Sehr gut, weiter:
She always drives
… .

carefully ➪ 14
careful ➪ 9

28 Falsch!

Wieder zurück zu
Nummer 20.

29 Prima, weiter:
There were a …
things left.

little ➪ 11
few ➪ 27

30 Richtig, weiter:
It isn't mine.
It's … .

their ➪ 26
theirs ➪ 4

A bit of culture

Akiro: How do we get to Madame Tussaud's?
Mrs Young: The best way is by Tube. It's too slow by bus.
Mr Young: Yes, take the Jubilee Line and get off at Baker Street. That's the easiest way.
Mrs Young: Have you got enough change for a ticket?
Mr Young: Get it from the machine, not the ticket office. It's quicker.
Mrs Young: Yes, there's often a long queue at the ticket office.
Lucia: And Madame Tussaud's has the longest queue in London!
Stephan: So we'll see you at Victoria Station at six o'clock.
Mrs Young: Yes. Have fun!
...

Lucia:	This is the most wonderful art gallery I've been to.
Mr Young:	Yes, but I think we've seen enough paintings for today, and we haven't got much time left anyway.
Mrs Young:	What time is it?
Lucia:	Twenty-five past five.
Mr Young:	We'd better go – we don't want to be late for the boys.
Mrs Young:	Look, there's a number eleven bus. Quick – let's get on it. You'll see some more sights, Lucia.
Mr Young:	Yes, it goes past Westminster Abbey and the Houses of Parliament.
	...
Lucia:	I can't believe there's a coach to Oxford every ten minutes.
Mr Young:	Yes, it's an excellent service – and the cheapest.
Mrs Young:	Hi, boys! Did you have a good time?
Akiro:	We had a great time.
Lucia:	We did, too. The Sainsbury Wing was wonderful.
Stephan:	The Sainsbury Wing[1]? I thought you went to the National Gallery, not to a supermarket.
Mr Young:	We'll explain on the bus ...

[1] Der »Sainsbury Wing« ist ein von der gleichnamigen Supermarktdynastie gestifteter Flügel der Nationalgalerie.

Ein bisschen Kultur

Akiro:	Wie kommen wir zu Madame Tussaud's?
Fr. Young:	Am besten mit der U-Bahn. Mit dem Bus ist es zu langsam.
Hr. Young:	Ja, nehmt die Jubilee Line und steigt an der Baker Street aus. Das ist am einfachsten.
Fr. Young:	Habt ihr genug Kleingeld für eine Fahrkarte?

Hr. Young:	Holt sie euch vom Automaten, nicht vom Fahrkartenschalter. Das geht schneller.
Fr. Young:	Ja, da ist oft eine lange Warteschlange am Fahrkartenschalter.
Lucia:	Und Madame Tussaud's hat die längste Warteschlange von London!
Stephan:	Wir treffen euch dann um sechs Uhr am Viktoria Bahnhof.
Fr. Young:	Ja. Viel Spaß!
	...
Lucia:	Das ist die wunderbarste Gemäldegalerie, die ich je besucht habe.
Hr. Young:	Ja, aber ich glaube, für heute haben wir genug Bilder gesehen, und wir haben sowieso nicht mehr viel Zeit übrig.
Fr. Young:	Wie spät ist es?
Lucia:	Fünf vor halb sechs.
Hr. Young:	Wir gehen besser – wir wollen ja zu den Jungs nicht zu spät kommen.
Fr. Young:	Guck mal, da kommt ein elfer Bus. Schnell – steigen wir ein. Du wirst dann noch mehr Sehenswürdigkeiten sehen, Lucia.
Hr. Young:	Ja, der fährt an der Westminster Abbey und an den Houses of Parliament vorbei.
	...
Lucia:	Ich kann es einfach nicht glauben, dass es alle zehn Minuten einen Bus nach Oxford gibt.
Hr. Young:	Ja, es ist ein ausgezeichneter Service – und der billigste.
Fr. Young:	Hi, Jungs! Hattet ihr eine schöne Zeit?
Akiro:	Wir hatten eine tolle Zeit.
Lucia:	Wir auch. Der Sainsbury Flügel war herrlich.
Stephan:	Der Sainsbury Flügel? Ich dachte, ihr seid in die Nationalgalerie gegangen und nicht in einen Supermarkt.
Hr. Young:	Wir werden es im Bus erklären ...

Fortbewegung

Es heißt:	***by bus***	mit dem Bus
	by underground	mit der U-Bahn
aber:	***on foot***	zu Fuß

Man sagt aber häufig für »wir sind zu Fuß gekommen« ganz einfach: ***we walked.***

Steigerung von Adjektiven – Superlativ

Wir bewegen uns bei den Adjektiven nun im Bereich der Superlative.

Die **regelmäßigen einsilbigen Adjektive** bilden den **Superlativ** generell durch Anhängen von **-est:**

Positiv	*Komparativ*	*Superlativ*	
long	*long**er***	*long**est***	lang
cheap	*cheap**er***	*cheap**est***	billig

Dabei gelten die gleichen Rechtschreibregeln wie für den Komparativ (siehe Lektion 16):

*bi**g***	*bi**gger***	*bi**ggest***	groß

Wiederum analog zum Komparativ wird der Superlativ von **zweisilbigen Adjektiven,** die auf **-y, -er, -et, -le** oder **-ow** enden, ebenfalls mit **-est** gebildet, wobei ein **End-y** zu **-i-** wird:

*eas**y***	*eas**ier***	*eas**iest***	einfach

Bei den **mehrsilbigen Adjektiven** sieht die Sache wesentlich einfacher aus, denn ihnen wird lediglich das Wort ***most*** vorangestellt:

wonderful	***more** wonderful*	***most** wonderful*	wunderbar

Zum Schluss noch die **unregelmäßigen Adjektive,** die nur durch Auswendiglernen zu meistern sind:

good	***better***	***best***	gut
bad	***worse***	***worst***	schlecht
far	***further***	***furthest***	weit
many	***more***	***most***	viele
much	***more***	***most***	viel
little	***less***	***least***	wenig

Übung 1

Sie möchten von London nach Edinburgh fahren und haben drei Möglichkeiten: mit dem Fahrrad, mit dem Auto oder mit dem Flugzeug.
Was sind die Vor- und Nachteile?

by bike

by car

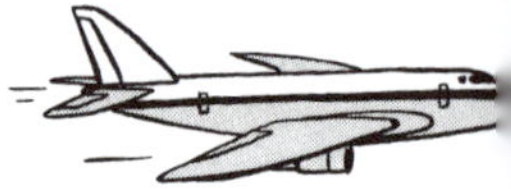

by plane

1. It's quickest by ....

2. It's slowest by ....

3. It's shortest by ....

4. It's safest by ....

5. It's the longest trip by ....

6. The best way to see the countryside is by ....

7. The easiest way to visit the sights is by ....

8. The worst way in bad weather is by ....

9. The most environmentally friendly way is by ....

10. The best way for a family with small children and lots of bags is by ....

But the most interesting way for me is by ....

Übung 2

Welche Beschreibung passt zu welchem Wort? **Ordnen Sie sie zueinander.**

1. machine
2. queue
3. art gallery
4. sights
5. coach
6. change
7. excellent
8. office

a another word for »very good«
b it means to stand in a line
c where you can see paintings
d what you put in a ticket machine
e where you can get tickets
f where people work
g interesting things to see
h a bus for long journeys

1. ..... **2.** .....
3. ..... **4.** .....
5. ..... **6.** .....
7. ..... **8.** .....

had better

Herr Young meint, es sei Zeit zu gehen, und sagt:

We'd better go.	Wir gehen wohl besser / lieber / am besten.

-'d ist dabei die **Kurzform** für ***had.***

Aber besser als sich den Kopf über diese etwas ungewöhnliche Konstruktion zu zerbrechen, sollte man sie einfach auswendig lernen, denn sie erscheint im Englischen recht häufig.

Hier noch ein paar Beispiele:

I'd better tell him.	Ich sag's ihm lieber.
You'd better go.	Du gehst am besten.

Übung 3

Bilden Sie Vorschläge mit *I'd better / You'd better* usw.

1. You're tired. (go / to / bed / early)

....

2. We're all very hungry. (have / something / eat)

....

3. It's too cold for her. (wear / warmer / clothes)

....

4. They need underground tickets. (get / them / from / machine)

....

5. We haven't got enough food. (do / shopping)

....

6. She doesn't want to be too late. (be / quick)

....

Gebrauch des bestimmten Artikels the bei Örtlichkeiten

Im Gegensatz zum Deutschen haben Straßen-, Platz-, Bahnhofs- und Gebäudenamen im **Singular** generell **keinen** bestimmten Artikel:

Baker Street	***Trafalgar Square***
Victoria Station	***Westminster Abbey***

Vergleichen Sie dazu **aber** die **Pluralform**:
the Houses of Parliament

Das Gleiche gilt für Ländernamen:

Turkey	die Türkei
Switzerland	die Schweiz

aber:

the Seychelles	die Seychellen

Verb – get

Das allgegenwärtige Wörtlein ***get*** hat sich in dieser Lektion wieder einmal mehrfach blicken lassen:

How do we get to Madame Tussaud's?	Wie kommen wir zu Madame Tussaud's?
Get off at Baker Street.	Steigt an der Baker Street aus.
Let's get on this bus.	Lasst uns in diesen Bus einsteigen.

get on	einsteigen (in)
get off	aussteigen (aus)

Zu guter Letzt noch eine nützliche Wendung mit ***get,*** falls Sie im englischsprachigen Ausland belästigt werden sollten:

Get lost!	Verschwinde! / Verschwinden Sie!

Übung 4

Füllen Sie die Lücken mit den fehlenden Wörtern: *back, by, for, lost, off, old, on* (2x), *tired, to* (2x) oder *up.*

Kevin gets .... at 7.30 every morning. After breakfast he catches the 8.20 bus and gets .... work at 9.15. He gets .... the bus outside his house and gets .... at the nearest Tube station. He stays on the underground for six stops, then walks .... the office. He could do the last half a mile .... bus, but he likes to go .... foot to keep fit. He gets half an hour .... lunch and he doesn't get .... home until 7 p.m. He gets .... quickly and thinks he's getting .... But he's only forty! When I tell him to do something more exciting, he tells me to get ....!

Wortschatz

best	beste(r, -s)	**long**	lang
better *in:* **we'd better**	wir … besser; wir sollten lieber …	**machine**	Automat
by bus	mit dem Bus	**number**	Nummer
by Tube	mit der U-Bahn	**queue**	Warteschlange
culture	Kultur	**quick**	schnell
get off	aussteigen	**service**	Service
get to	kommen nach	**sight**	Sehenswürdigkeit
go past	vorbeifahren an	**slow**	langsam
line	Linie	**ticket office**	Fahrkartenschalter
		wing	Flügel

U-Bahn

In London muss man die U-Bahnkarte an der Schranke in den Schlitz stecken, um diese zu öffnen. Wundern Sie sich nicht, wenn Ihre Karte an der Zielstation von der Ausgangsschranke verschluckt beziehungsweise von einem Kontrolleur abgenommen wird. Nur ungenützte Rückfahrkarten oder Tageskarten und dergleichen werden wieder »ausgespuckt«.

Es lohnt sich, in London eine ***Travelcard*** zu erwerben (in U-Bahnstationen erhältlich), die für einen Tag (ab 9.30h) beziehungsweise drei Tage zu unbegrenzten Fahrten mit der U-Bahn und den Londoner Bussen ***(London Transport Buses)*** berechtigt.

Sightseeing

Mit der Londoner U-Bahn kommt man natürlich sehr schnell von Ort zu Ort, aber man muss manchmal relativ lange Strecken in den unterirdischen Gängen zu Fuß zurücklegen. Möchte man etwas mehr von der Stadt sehen, empfiehlt es sich, mit dem Bus zu fahren. Und da ist die ***Number 11*** für Touristen wie geschaffen. Steigt man zum Beispiel an der Victoria Station ein, fährt man unter anderem an folgenden Sehenswürdigkeiten vorbei:

Westminster Cathedral (die katholische Hauptkirche Englands)
the Houses of Parliament (die Parlamentsgebäude, die das Ober- und Unterhaus beherbergen)
Westminster Abbey (die Krönungsstätte für Englands Monarchen)
Whitehall (mit seinen Regierungsgebäuden)
Trafalgar Square (mit der Nelsonsäule und der National Gallery)
St. Paul's Cathedral (die größte und berühmteste Kirche der City)
the City of London (das Bankenviertel)

An interesting meeting

Mr Young:	What was so great about your afternoon, then?
Akiro:	Our trip to Harrods.
Mrs Young:	But you said you wanted to go to Madame Tussaud's.
Stephan:	Yes, we did.
Akiro:	But Lucia was right. There was an enormous queue.
Lucia:	And in Britain you mustn't jump the queue!
Stephan:	That's right. We were waiting in the queue when it started to rain.
Akiro:	Of course we didn't have our umbrellas with us.
Lucia:	You should always carry an umbrella with you in this country – even in summer.
Akiro:	You're right again, Lucia. Anyway, then Stephan saw some friends.
Stephan:	Yes, Claudine and Marielle suddenly came along. They were going to Harrods.

Akiro:	So we got under their umbrellas and went with them.
Stephan:	Everything at Harrods was very expensive.
Akiro:	Stephan tried to buy an elephant, but they knew he wasn't really serious.
Stephan:	And of course I didn't have enough money with me!
Akiro:	And while he was talking to the shop assistant, he saw Michael Stich!
Mr Young:	Oh, the tennis star! What was he buying, then? A gold tennis ball?
Stephan:	Of course! And gold tennis shoes!
Lucia:	Did you two buy anything?
Akiro:	No. But we got something for nothing.
Stephan:	An autograph from Michael Stich!

Eine interessante Begegnung

Hr. Young:	Was war denn so großartig an eurem Nachmittag?
Akiro:	Unser Besuch bei Harrods.
Fr. Young:	Aber ihr sagtet doch, ihr wolltet zu Madame Tussaud's gehen.
Stephan:	Ja.
Akiro:	Aber Lucia hatte recht. Es gab eine riesige Warteschlange.
Lucia:	Und in Großbritannien darf man sich nicht vordrängen!
Stephan:	Das ist richtig. Wir standen gerade in der Schlange, als es zu regnen begann.
Akiro:	Und natürlich hatten wir unsere Regenschirme nicht dabei.
Lucia:	Man sollte hierzulande immer einen Regenschirm mitnehmen, sogar im Sommer.
Akiro:	Du hast wieder einmal recht, Lucia. Jedenfalls sah dann Stephan einige Freunde.
Stephan:	Ja, Claudine und Marielle kamen plötzlich daher. Sie waren auf dem Weg zu Harrods.
Akiro:	Also haben wir uns unter ihren Regenschirmen untergestellt und sind mitgegangen.

Stephan:	Bei Harrods war alles sehr teuer.
Akiro:	Stephan versuchte, einen Elefanten zu kaufen, aber sie wussten, dass er es nicht gerade ernst meinte.
Stephan:	Und natürlich hatte ich nicht genügend Geld dabei!
Akiro:	Und während er mit dem Verkäufer redete, sah er Michael Stich!
Hr. Young:	Oh, den Tennisstar! Was kaufte er denn? Einen Tennisball aus Gold?
Stephan:	Natürlich! Und Tennisschuhe aus Gold!
Lucia:	Habt ihr beide irgendetwas gekauft?
Akiro:	Nein. Aber wir bekamen etwas umsonst.
Stephan:	Ein Autogramm von Michael Stich!

Bildung der -ing-Form in der Vergangenheit

Die **-ing-Form** in der **Vergangenheit** wird gebildet mit ***was / were*** + **-ing-Form** des Verbs:

*I **was talking** to Claudine.*	Ich unterhielt mich mit Claudine.
*We **were buying** some clothes.*	Wir kauften Anziehsachen.

Einfache Vergangenheit und -ing-Form in der Vergangenheit

- Die **einfache Vergangenheit** wird, wie wir wissen, benutzt, um **abgeschlossene** Handlungen und Ereignisse zu beschreiben.

- Die **-ing-Form** in der Vergangenheit dagegen beschreibt, was zu einem **bestimmten Zeitpunkt** in der Vergangenheit **gerade ablief** oder »im Gange« war:

We were waiting in the queue.	Wir standen (gerade) in der Schlange.
I was talking to the shop assistant.	Ich sprach (gerade) mit dem Verkäufer.
What was he buying?	Was kaufte er (gerade)?

■ Oft drückt es etwas aus, was **gerade ablief,** als sich **etwas Neues** (in der einfachen Vergangenheit) ereignete:

We were waiting *in the queue* ***when it started to rain.***	Wir warteten in der Schlange, als es zu regnen begann.
While I was talking *to the shop assistant,* ***I saw Michael Stich.***	Während ich mit dem Verkäufer sprach, sah ich Michael Stich.

Übung 1

Welche Handlung war abgeschlossen und welche war »im Gange«? Haken Sie die abgeschlossenen Handlungen ab.

1. This morning it was raining.

2. Stephan saw some friends.

3. They were going to Harrods.

4. We got under their umbrellas and went with them.

5. We didn't buy anything.

6. Stich was shopping at Harrods.

7. So we spoke to him and asked him for his autograph.

Übung 2

Vervollständigen Sie den Text mit der richtigen Verbform.

1. While they .... (wait) in the queue, it started to rain.

2. When they saw that it .... (rain), they got out their umbrella.

3. When we got under the umbrella, the rain suddenly .... (stop).

4. He .... (talk) to the shop assistant when they saw him.

▶

5. The shop assistant .... (not, know) who she was talking to.

6. We'll never forget the day we .... (go) to Harrods.

with + Objektpronomen

We didn't have our umbrellas ***with us.***	Wir hatten unsere Schirme nicht **dabei.**
I didn't have enough money ***with me.***	Ich hatte nicht genug Geld **dabei.**

Übung 3

Ein bisschen zu viel – oder zu wenig. Setzen Sie ***to, too*** oder ***enough*** ein.

We had to go .... the supermarket, but there were .... many people and the service really wasn't good .... Everything was .... expensive and we didn't have .... money to pay the bill. We felt awful. There wasn't .... time to go .... the bank – it was .... far away. Then we saw someone we knew and he lent us the money. We couldn't thank him ....

Jahreszeiten

summer	Sommer
autumn	Herbst
winter	Winter
spring	Frühling

Beachten Sie, dass man bei den Jahreszeiten den bestimmten Artikel weglassen kann:

in (the) spring im Frühling

Übung 4

Fügen Sie die nachstehenden Satzteile zu sinnvollen Aussagen zusammen.

1. In spring
2. At Easter
3. In summer
4. At Christmas
5. In autumn
6. In winter

a it's very cold.
b there are lots of eggs to eat.
c everything is green and there's a lot of rain.
d it's warm and sunny.
e the trees are all brown and gold.
f everyone gets presents.

1. ..... **2.** ..... **3.** .....

4. ..... **5.** ..... **6.** .....

something – nothing

something	etwas
nothing	nichts
We got something for nothing.	Wir haben etwas umsonst (»für nichts«) bekommen.

Übung 5

Was wissen Sie über England?
Sind die Aussagen richtig (r) oder falsch (f)?
Wenn die Aussage falsch ist, wie müsste sie richtig lauten?
Beispiel:
You must drink tea with milk. (f)
You haven't got to drink tea with milk.

In England

1. you haven't got to take an umbrella with you.

....

....

2. you mustn't jump the queue.

....

....

3. you haven't got to queue at a bus stop.

....

....

4. you must smile all the time.

....

....

5. men must wear bowler hats.

....

....

Wortschatz

autograph	Autogramm
come along	daher-kommen
country	Land
elephant	Elefant
enormous	riesig
even	sogar
get under	sich unter-stellen unter
jump the queue	sich vor-drängen
meeting	Begegnung
nothing	nichts
for nothing	umsonst
rain	regnen
serious	ernst
shop assistant	Verkäufer(in)
start	beginnen, anfangen
summer	Sommer
tennis ball	Tennisball

tennis shoes	Tennisschuhe	**umbrella**	Regenschirm
tennis star	Tennisstar	**while**	während

Schlange stehen

Trotz ausländischer Einflüsse wird in Großbritannien das Schlange stehen ***(queuing up)*** nach wie vor praktiziert. Zwar sehen die Reihen nicht mehr so ordentlich aus wie früher, aber man merkt sich sehr wohl, wer an der Bushaltestelle oder im Geschäft vor einem da war. Vordrängeln wird zwar schweigend hingenommen, ist aber streng verpönt.

Harrods

Für Leute mit viel Geld ist ***Harrods*** natürlich das Kaufhaus schlechthin. Aber auch wenn Sie nicht so viel ausgeben wollen oder können, lohnt sich ein Besuch in diesem Einkaufsparadies mit seiner unübertroffenen Vielfalt an Waren. Besonders die Lebensmittelhallen sind einen Besuch wert.

An evening at home

Mrs Young: It's nice to have a quiet evening at home.

Lucia: Without the boys! … Is there anything on television?

Mrs Young: I haven't looked at the *Radio Times*.

Lucia: The *Radio Times*?

Mrs Young: Yes, it's a magazine with all the radio and TV programmes.

Lucia: Oh, that one!

Mrs Young: Have you seen it?

Lucia: No, I haven't.

Mrs Young: I saw it yesterday. Mr Young had it.

Lucia: Shall I switch the television on?

Mrs Young: Yes, let's do some channel-hopping.

Lucia: Oh, I've seen that film. I watched it with my little brother last Christmas.

Mrs Young: Do you miss him?

Lucia: Yes, I really miss him. And my mother and father and grandmother. And the cat! Shall I try BBC2?

Mrs Young: Why not? Oh, it's the sports news.

Lucia: That's boring. What about ITV?

Mrs Young:	Oh, not another game show! Perhaps we should switch the TV off and listen to some music – but no loud rock music, please!
Lucia:	Ah, the boys are back from their sports club.
Stephan:	Hi! Aren't you watching the Wimbledon highlights?
Akiro:	Yes, we want to see our favourite tennis player.
Stephan:	After all, we met him yesterday.
Akiro:	It's on BBC2. Look – there he is! Turn it up!
Lucia:	But he isn't wearing his gold tennis shoes!

Ein Abend zu Hause

Fr. Young:	Es ist schön, mal einen ruhigen Abend zu Hause zu verbringen.
Lucia:	Ohne die Jungs! … Gibt es irgendetwas im Fernsehen?
Fr. Young:	Ich habe mir die *Radio Times* noch nicht angeschaut.
Lucia:	Die *Radio Times*?
Fr. Young:	Ja, das ist eine Zeitschrift mit allen Radio- und Fernsehprogrammen.
Lucia:	Ach, die!
Fr. Young:	Hast du sie gesehen?
Lucia:	Nein.
Fr. Young:	Gestern sah ich sie noch. Herr Young hatte sie.
Lucia:	Soll ich mal den Fernseher einschalten?
Fr. Young:	Ja, schalten wir mal so durch die Programme.
Lucia:	Oh, diesen Film habe ich schon gesehen. Ich sah ihn letzte Weihnachten zusammen mit meinem kleinen Bruder.
Fr. Young:	Vermisst du ihn?
Lucia:	Ja, er geht mir wirklich ab. Und meine Mutter, mein Vater und meine Großmutter. Und der Kater! Soll ich mal auf BBC2 umschalten?
Fr. Young:	Warum nicht? Ach, das ist ja die Sportsendung.
Lucia:	Das ist langweilig. Wie wär's mit ITV?
Fr. Young:	Oh, nicht schon wieder eine Spielshow! Vielleicht sollten wir den Fernseher ausschalten und Musik hören – aber keine laute Rockmusik, bitte!

Lucia:	Ah, die Jungs sind zurück aus ihrem Sportklub.
Stephan:	Hi! Schaut ihr euch denn nicht die Wimbledon-Zusammenfassung an?
Akiro:	Ja, wir möchten unseren Lieblingstennisspieler sehen.
Stephan:	Schließlich haben wir ihn gestern getroffen.
Akiro:	Das läuft auf BBC2. Schau mal – da ist er ja! Mach lauter!
Lucia:	Aber er trägt ja nicht seine goldenen Tennisschuhe!

Einfache Vergangenheit und Present Perfect

Zur Erinnerung: Die **einfache Vergangenheit** beschreibt Handlungen, die in der Vergangenheit stattfanden und als **abgeschlossen** betrachtet werden; sie haben keinen Bezug zur Gegenwart.

Das **Present Perfect,** wie wir schon in Lektion 13 gesehen haben, bildet dagegen sozusagen eine **Brücke zur Gegenwart:**

*I **haven't seen** the Radio Times.*	Ich habe die *Radio Times* (bis jetzt) nicht gesehen.

Vergleichen Sie dazu folgende Aussage:

*I **saw** it **yesterday.***	Ich habe sie gestern gesehen.

Im letzten Beispiel handelt es sich um eine Handlung, die zu einer **bestimmten Zeit** in der Vergangenheit **stattfand** und als **abgeschlossen** gilt; daher steht hier die **einfache Vergangenheit.**

Vergleichen Sie auch folgende Aussagen:

*I**'ve seen** that film.*	Ich habe den Film (schon einmal) gesehen.

Lucia hat den Film irgendwann gesehen. Hier ist nicht wichtig wann, sondern **dass** sie ihn überhaupt gesehen hat. Im Deutschen würde man »**schon einmal**« hinzufügen.

*I **saw** it **last Christmas**.*	Ich habe ihn letzte Weihnachten gesehen.

Hier wird **genau** angegeben, **wann** sie den Film gesehen hat, daher steht die **einfache Vergangenheit.** ▶

Die richtige Auswahl zwischen den beiden Formen wird Ihnen manchmal erleichtert, wenn Sie auf die verschiedenen **Signalwörter** für die jeweilige Form achten:

Einfache Vergangenheit		*Present Perfect*	
yesterday	gestern	**so far**	bis jetzt
last week,	letzte Woche,	**up to now**	bis jetzt
last April *usw.*	letzten April *usw.*	**until now**	bis jetzt
a month ago,	vor einem Monat,	**yet** *(negativ)*	noch nicht
a week ago,	vor einer Woche,		
a year ago	vor einem Jahr	***(I haven't done it yet.)***	
usw.	*usw.*		
on Friday	am Freitag	**yet** *(in der Frage)*	schon
in 1990	1990	***(Have you seen it yet?)***	

Übung 1

Schon einmal etwas erlebt? Bilden Sie die richtigen Verbformen und antworten Sie mit der Kurzform.

1. (Have) you ever (meet) a film star?

. . . .

No, I . . . .

2. (Have) she ever (be) to Rome?

. . . .

Yes, she . . . .

3. (Have) they ever (order) real French champagne?

. . . .

No, they . . . .

4. (Have) he ever (see) Prince Charles on TV before?

. . . .

No, he . . . . ▶

5. (Have) we ever (do) this before?

. . . .

Yes, we . . . .

6. (Have) you ever (watch) tennis at Wimbledon?

. . . .

Yes, I . . . .

Übung 2

Ordnen Sie die Antworten den entsprechenden Fragen zu. In der Antwort steht jeweils eine genaue Zeitangabe, daher muss die einfache Vergangenheit verwendet werden.

1. Have you ever seen Dustin Hoffman?
2. Has she switched the TV off?
3. I've lost my umbrella. I can't find it anywhere.
4. He's never been to the theatre.
5. Have they made the tea yet?
6. Who's eaten all the biscuits?

a That's not true. He . . . . (go) to see *Romeo and Juliet* last year.

b I have. I . . . . (have) them with my tea half an hour ago.

I . . . . (be) hungry.

c You . . . . (put) it in the car yesterday.

d Yes, I . . . . (see) him in a film last week.

e They . . . . (make) it half an hour ago. It's cold now.

f Yes, she has. She . . . . (switch) it off after the 6 o'clock news.

1. . . . . . **2.** . . . . . **3.** . . . . .

4. . . . . . **5.** . . . . . **6.** . . . . .

Übung 3

Vervollständigen Sie die Sätze mit der richtigen Form des Verbs. Achten Sie dabei auf die Art der Zeitangaben.

1. He .... (go) to watch Boris at Wimbledon five years ago.

2. She .... (not, come) home yet.

3. The last time they .... (play) tennis was in August.

4. She .... (not, have) a good game so far.

5. He .... (phone) me last night.

6. We .... (not, do) anything interesting up to now.

7. I .... (visit) them in 1992.

8. But they .... (never, be) to see me at my home.

Übung 4

Übersetzen Sie folgende Sätze und achten Sie dabei auf die Zeitangaben.

1. Ich habe den Mann gestern gesehen.

....

2. Wir haben ihn noch nie gesehen.

....

3. Sie hat ihren Bruder vor zwei Tagen getroffen.

....

4. Ich habe sie bisher nicht gesehen.

....

5. Er hat den Film zu Ostern in Paris gesehen.

....

6. Sie hat ihn noch nicht angerufen.

. . . .

7. Er war Weihnachten in New York.

. . . .

8. Warst du jemals in New York?

. . . .

what about ...?

Mit ***What about ...?*** leitet man oft einen Vorschlag ein:

What about a cup of tea?	Wie wär's mit einer Tasse Tee?
What about a game of tennis?	Wie wär's mit einer Partie Tennis?

Wortschatz

brother	Bruder
cat	Katze, Kater
channel-hopping	wiederholtes Umschalten, durch die Programme Schalten
father	Vater
favourite	Lieblings...
film	Film
game show	Spielshow
grandmother	Großmutter
highlights	Zusammenfassung, Höhepunkte
loud	laut
magazine	Zeitschrift
miss	vermissen
mother	Mutter
music	Musik
programme	Programm
rock music	Rockmusik
sports news	Sportnachrichten
switch off	ausschalten
switch on	einschalten
tennis player	Tennisspieler
turn up	lauter machen / stellen
watch	*(Film)* ansehen
without	ohne

Zusatz-wortschatz

Familienmitglieder

daughter	Tochter	**grandson**	Enkel
son	Sohn	**aunt**	Tante
sister	Schwester	**uncle**	Onkel
grandfather	Großvater	**cousin**	Cousin, Cousine
granddaughter	Enkelin		

Fernsehen, Radio

Dank digitaler Übertragung bietet das britische Fernsehen sowie der Rundfunk – wie in anderen Ländern auch – inzwischen eine große Vielfalt an Programmen an. Die Hauptsender im Fernsehen sind nach wie vor ***BBC1, BBC2, ITV, Channel 4*** und ***Five***.

Die ***BBC (British Broadcasting Corporation)*** ist eine öffentlich-rechtliche Fernsehgesellschaft und wird nicht durch Werbung, sondern durch Benutzergebühren finanziert. ***ITV (Independent Television), Channel 4*** und ***Five*** sind private Gesellschaften, die durch Werbung finanziert werden. ***Channel 4*** hat auch einige sehr erfolgreiche Filme produziert, die weltweite Anerkennung fanden (zum Beispiel *Four Weddings and a Funeral* – »Vier Hochzeiten und ein Todesfall« oder *Trainspotting* – »Trainspotting – neue Helden«).

Im Ausland ist die ***BBC*** durch den ***World Service*** vertreten, einen Rundfunksender, der eine interessante Auswahl an Nachrichten und Dokumentarsendungen weltweit ausstrahlt. Auch gibt es den Fernsehsender ***BBC World***.

Die Radioprogramme der ***BBC***, wie viele andere Sender auch, können über das Internet empfangen werden: *www.bbc.co.uk*. ***Radio 4*** bietet hauptsächlich Wortprogramme an. Den ***BBC World Service*** finden Sie unter folgender Webadresse: *www.bbc.co.uk/worldservice*.

Visitors from Germany

Mrs Young:	Pleased to meet you, Mr König.
Mr König:	How do you do?
Mr Young:	Ah, Mrs König. Welcome to Oxford.
Mrs König:	It's lovely to be here. And the weather is so good.
Mr Young:	Yes, it's been quite nice lately.
Mr König:	It was very windy and rainy when we left Munich.
Mrs Young:	I hope you had a good flight.
Mr König:	Yes we did, thank you.
Mr Young:	Have you been to Oxford before?
Mr König:	Yes, we have. In fact, my wife and I met here in Oxford nearly twenty years ago.
Mrs Young:	Oh, really?
Mrs König:	Yes, my husband was here on business and I was learning English.
Mr Young:	Just like Stephan.
Mrs König:	Yes, I was at the same language school, too!
Mr Young:	How did you meet?

Mr König:	Well, it was quite dramatic.
Mr Young:	What happened?
Mr König:	I was late for a meeting and was running to get a taxi.
Mrs König:	And he knocked me over. I hurt myself quite badly.
Mr König:	Yes, she hurt her knee and her hand. I felt awful, so I gave her a lift to the school.
Mrs König:	And we realized we were both German.
Mr Young:	Did you go to the meeting?
Mr König:	Yes I did, because a lot of firms were trying to get an important contract.
Mr Young:	Who got it?
Mr König:	I did.
Mrs Young:	So you left with a contract and a wife!
Mr König:	Yes – we got married three months later!
Stephan:	The story of how my parents bumped into each other and fell in love …

Besuch aus Deutschland

Fr. Young:	Freut mich, Sie kennenzulernen, Herr König.
Hr. König:	Angenehm.
Hr. Young:	Ah, Frau König. Willkommen in Oxford.
Fr. König:	Schön, hier zu sein. Und das Wetter ist so schön.
Hr. Young:	Ja, es war in der letzten Zeit recht freundlich.
Hr. König:	Es war sehr windig und regnerisch, als wir von München abflogen.
Fr. Young:	Ich hoffe, Sie hatten einen guten Flug.
Hr. König:	Ja, danke.
Hr. Young:	Sind Sie schon einmal in Oxford gewesen?
Hr. König:	Ja, ja. In der Tat haben meine Frau und ich uns hier in Oxford vor fast zwanzig Jahren kennengelernt.
Fr. Young:	Oh, wirklich?
Fr. König:	Ja, mein Mann war geschäftlich hier, und ich lernte Englisch.
Hr. Young:	Genauso wie Stephan.
Fr. König:	Ja, ich war auch auf derselben Sprachenschule.
Hr. Young:	Wie haben Sie sich kennengelernt?

Hr. König:	Tja, das war ganz schön dramatisch.
Hr. Young:	Was passierte denn?
Hr. König:	Ich war schon spät dran zu einer Besprechung und rannte, um noch ein Taxi zu erwischen.
Fr. König:	Und er rannte mich um.
Hr. König:	Ja, sie verletzte sich das Knie und die Hand. Mir war das so schrecklich unangenehm, also nahm ich sie im Taxi mit zur Schule.
Fr. König:	Und wir stellten fest, dass wir beide Deutsche waren.
Hr. Young:	Sind Sie dann noch zur Besprechung gegangen?
Hr. König:	Ja, ja, denn eine Menge Firmen versuchten, einen wichtigen Auftrag zu bekommen.
Hr. Young:	Wer bekam ihn dann?
Hr. König:	Ich.
Fr. Young:	Also hatten Sie dann zum Schluss einen Auftrag und eine Frau!
Hr. König:	Ja, drei Monate später haben wir geheiratet!
Stephan:	Die Story, wie meine Eltern buchstäblich aufeinandertrafen und sich verliebten …

Begrüßungsformeln

Bei der etwas formelleren Begrüßung unter Erwachsenen werden neben ***»Nice to meet you.«***, das wir schon aus Lektion 4 kennen, folgende Formeln häufig verwendet:

Pleased to meet you.	Freut mich (Sie kennenzulernen).
How do you do?	Angenehm.

Die Antwort auf ***»How do you do?«*** lautet ebenfalls ***»How do you do?«***.

Aufgepasst

Übung 1

B war nicht ganz sicher, wie er antworten sollte. **Streichen Sie die falsche Antwort durch.**

A: How do you do?
B: *Very well, thank you. / How do you do.*
A: I hope you had a good flight?
B: *Yes, we did, thank you. / Yes, we have, thank you.*
A: You're lucky with the weather.

B: *Yes, it is. / Yes, we are.*
A: Have you been here before?
B: *No, we haven't. / No, we weren't.*
A: Well, welcome to Oxford.
B: *Thank you. My wife and me are very lucky to be here. / Thank you. My wife and I are very happy to be here.*

Übung 2

Sie wollen es ganz genau wissen. Stellen Sie die Fragen mit ***who, what*** oder ***which*** und dem Verb. Beachten Sie: Wenn das Fragewort Subjekt des Verbs ist (hier ***what*** und ***who***), entfällt ***did***.

A: Then something very dramatic happened.

B: Wh.....................................?

A: They got married.

B: Wh.....................................?

A: That meeting was so boring.

B: Wh.....................................?

A: Somebody gave me a lift to town.

B: Wh.....................................?

A: I got the contract.

B: Wh.....................................?

Präposition – on

Und noch ein weiterer Gebrauch der Präposition ***on***:

on business	geschäftlich
He's away on business.	Er ist geschäftlich unterwegs.
on holiday	im / in Urlaub
We're going on holiday tomorrow.	Wir fahren morgen in Urlaub.

Reflexivpronomen

I hurt myself.	Ich habe **mir** wehgetan. / Ich habe **mich** verletzt.

Die englischen Reflexivpronomen ***myself, yourself*** *usw.* entsprechen dem deutschen »**mich / mir**«, »**dich / dir**« *usw.*

Hier die Übersicht:

I hurt ***myself.***	Ich habe mir wehgetan.
You hurt ***yourself.***	Du hast dir wehgetan.
He hurt ***himself.***	Er hat sich wehgetan.
She hurt ***herself.***	Sie hat sich wehgetan.
It hurt ***itself.***	Es / Er / Sie hat sich wehgetan.
We hurt ***ourselves.***	Wir haben uns wehgetan.
You hurt ***yourselves.***	Ihr habt euch / Sie *(Pl.)* haben sich wehgetan.
They hurt ***themselves.***	Sie haben sich wehgetan.

Die Reflexivpronomen werden auch verwendet, um das deutsche »**selbst**« beziehungsweise »**selber**« (Umgangssprache) wiederzugeben:

Do it ***yourself.***	Mach es selbst.
We wrote it ***ourselves.***	Wir haben es selber geschrieben.

Umgekehrt gibt es etliche Fälle, in denen das **Reflexivpronomen im Deutschen** erscheint, **aber im Englischen nicht.** Hier einige der wichtigsten Beispiele:

be ashamed	sich schämen
be interested in	sich interessieren für
be wrong	sich irren
concentrate	sich konzentrieren
get annoyed	sich ärgern
get dressed	sich anziehen
get undressed	sich ausziehen
hurry up	sich beeilen
look forward to	sich freuen auf
move	sich bewegen
remember	sich erinnern

▶

Zu guter Letzt ein nützlicher Ausdruck, wenn Besuch da ist:

Help yourself.	Bediene dich! / Bedienen Sie sich!
Help yourselves.	Bedient euch! / Bedienen Sie sich!

Übung 3

Setzen Sie die passenden Reflexivpronomen ein.

1. Did she hurt .... when he knocked her over?
2. Tell him to hurry up. He never leaves .... enough time.
3. Don't worry – they'll drive there ....
4. We've got to do it ....
5. I must teach .... some Japanese before my business trip to Tokyo.
6. Can't you tell him .... ?
7. Hello everybody. There's lots of food to eat. Just help ....

each other

Und hier noch eine Variante der Reflexivpronomen:

bump into each other	aufeinandertreffen, sich zufällig begegnen

Bei ***each other*** geht es um die **Gegenseitigkeit.**

Ähnlich auch in folgenden Beispielen:

help each other	sich (gegenseitig) helfen
hate each other	sich (gegenseitig) hassen
write to each other	sich (gegenseitig) schreiben

Possessivpronomen – my

Beachten Sie auch folgende Konstruktion, die im Deutschen etwas anders formuliert wird:

*I hurt **my** knee.*	Ich habe **mir** das Knie verletzt.

Ähnlich auch:

*He washed **his** face.*	Er hat **sich** das Gesicht gewaschen.

Verb + Präposition / Partikel

Ja, damals vor zwanzig Jahren in Oxford ging es schon etwas forsch zu! Wie wir bereits gesehen haben, bedeutet ***bump into each other*** »aufeinandertreffen« / »sich zufällig begegnen«. Stephan hat diesen Ausdruck aber bewusst gewählt, denn er bedeutet wortwörtlich auch »zusammenstoßen«. Und das war ja bei seinen Eltern tatsächlich der Fall.

Hier noch ein paar »bewegte« Verbalausdrücke aus dem Text:

knock over	umstoßen
fall in love	sich verlieben (***fall*** = »fallen«)

Übung 4

Welches Adjektiv passt zu welchem Substantiv? Schreiben Sie die Adjektive vor das jeweilige Substantiv: ***good, large, important, lovely, rainy, small.***

1. .... weather

2. .... business meeting

3. .... day

4. .... flight

5. .... firm

Übung 5

Ergänzen Sie die Geschichte mit den angegebenen Verben, und zwar in der einfachen Vergangenheit: ***bump, fall, get, help, hurt, live, look, love, know, meet, see, talk.***

Another love story

They .... each other from the office. They .... each other every day, but they didn't really .... to each other. Then one day they .... each other in the street. In fact they actually .... into each other. They were both carrying heavy shopping bags and the shopping went all over the pavement. They .... each other to pick the things up, ... at each other and .... in love.

They .... married a month later and promised to .... each other and never .... each other and, of course, as[1] in all good love stories, they .... happily ever after[2].

[1]wie
[2]wenn sie nicht gestorben sind, dann leben sie noch heute

bump into each other	aufeinandertreffen; zusammenstoßen; sich zufällig begegnen
business *in:* **on business**	geschäftlich
contract	Auftrag
dramatic	dramatisch
each other	einander, gegenseitig
fall in love	sich verlieben
firm	Firma
get married	heiraten
hurt	verletzen, wehtun
hand	Hand
important	wichtig
knee	Knie
lately	in letzter Zeit
lift *in:* **give somebody a lift**	jemanden mitnehmen
myself	mich, mir
pleased *in:* **pleased to meet you**	freut mich, Sie kennenzulernen
rainy	regnerisch
realize	merken, feststellen
same	gleiche(r, -s)
welcome	willkommen
wife	*(Ehe)*Frau
windy	windig

Der Körper

Zusatzwortschatz

arm	Arm
elbow	Ellbogen
finger	Finger
thumb	Daumen
leg	Bein
foot	Fuß
toe	Zeh
head	Kopf
neck	Genick, Hals
shoulder	Schulter
back	Rücken
stomach	Bauch
face	Gesicht
mouth	Mund
lips	Lippen
tongue	Zunge
chin	Kinn
cheeks	Wangen
nose	Nase
eyes	Augen
ears	Ohren

Das Wetter

Thema Nummer eins ist in Großbritannien nach wie vor das Wetter. Wie könnte es auf einer Insel auch anders sein? Das Wetter ist, geografisch bedingt, sehr wechselhaft: Regnet es am Morgen, kann es mittags wieder strahlenden Sonnenschein geben – und umgekehrt. So beschäftigt man sich zwangsläufig ganz besonders mit dem Phänomen Wetter und nützt es gleichzeitig als »Eisbrecher«: Einen Kommentar zum Wetter kann man immer geben, auch gegenüber Fremden, und dabei garantiert eine Reaktion bekommen. Oft führt dies sogar zu einer kleineren Unterhaltung.

Hier ein paar nützliche Ausdrücke, falls Sie es mal ausprobieren möchten:

Nice day, isn't it?	Schönes Wetter heute, nicht wahr?
Awful weather, isn't it?	Scheußliches Wetter, nicht wahr?
What a lovely day!	Tolles Wetter, nicht wahr?

Saying goodbye

Mrs Young: Was your hotel comfortable?
Mrs König: Yes, it was fine, thank you. We had a big bathroom with a bath and shower.
Mr König: And twin beds. I remembered what English double beds are like.
Mrs König: That wasn't always a problem.
Mr König: No, not twenty years ago!
Mrs König: Anyway, the staff were very friendly. I'd like to stay there again next time.
Mr König: Why not? But perhaps we could stay at a bed and breakfast place.
Stephan: There's a good bed and breakfast just round the corner.
Mrs Young: Yes, it's very nice – and we would like to see you again soon.
Mr König: Well, we want to visit Stephan before the end of term.
Mrs König: Yes, we've enjoyed staying in Oxford very much.
Mr König: Thank you so much for showing us around.
Mrs Young: It's been a pleasure. We love having visitors.
Stephan: Come on, Mutti, or you'll miss the coach.
Akiro: And Stephan will be late for his date with Lucia!

Mrs Young:	Ah, another Oxford romance?
Mrs König:	Goodbye then, everyone.
Mr König:	Goodbye. And you be good, Stephan.
Mrs Young:	Stephan isn't any trouble, and we like having young people in the house. Bye, and take care.
Mr Young:	Goodbye – have a safe journey.
Mrs König:	Bye. And say goodbye to Lucia for us!

Abschied nehmen

Fr. Young:	War Ihr Hotel angenehm?
Fr. König:	Ja, es war schön, danke. Wir hatten ein großes Badezimmer mit Badewanne und Dusche.
Hr. König:	Und zwei Einzelbetten. Mir war noch in guter Erinnerung, wie englische Doppelbetten sind.
Fr. König:	Das war nicht immer ein Problem.
Hr. König:	Nein, nicht vor zwanzig Jahren!
Fr. König:	Wie dem auch sei, das Personal war sehr freundlich. Nächstes Mal möchte ich auch wieder hier übernachten.
Hr. König:	Warum nicht? Aber vielleicht könnten wir in einer Pension übernachten.
Stephan:	Es gibt da eine gute Pension gleich um die Ecke.
Fr. Young:	Ja, die ist sehr nett – und wir möchten Sie recht bald wiedersehen.
Hr. König:	Nun ja, wir möchten Stephan noch vor Semesterende besuchen.
Fr. König:	Ja, unser Aufenthalt in Oxford hat uns sehr gefallen.
Hr. König:	Recht vielen Dank, dass Sie uns herumgeführt haben.
Fr. Young:	Es war uns ein Vergnügen. Wir haben sehr gerne Besuch.
Stephan:	Komm schon, Mutti, oder ihr verpasst noch den Bus.
Akiro:	Und Stephan kommt dann zu spät zu seinem Rendezvous mit Lucia!
Fr. Young:	Ah, noch eine Oxforder Romanze?
Fr. König:	Dann auf Wiedersehen, allesamt.
Hr. König:	Auf Wiedersehen. Und benimm dich anständig, Stephan.
Fr. Young:	Stephan macht überhaupt keinen Ärger, und wir haben gerne junge Leute im Haus. Wiedersehen, und passen Sie gut auf sich auf.
Hr. Young:	Auf Wiedersehen und gute Reise!
Fr. König:	Wiedersehen. Und grüßen Sie Lucia von uns!

Übung 1

I'd like ... Was sagen Sie?

Sie wollen

1. ein Doppelzimmer mit zwei Einzelbetten und einem Badezimmer.

....

2. ein Einzelzimmer mit Dusche.

....

3. ein Doppelzimmer mit einem großen Doppelbett.

....

4. für drei Nächte ein Zimmer mit Frühstück für zwei Personen.

....

5. Frühstück im Bett.

....

6. die Rechnung haben.

....

Gruppenbezeichnungen

***The staff were** very friendly.* Das Personal war sehr freundlich.

Vergleiche Lektion 24, in der es hieß:

*The special area where **the Royal Family sits.***

Es gibt eine Reihe von Gruppenbezeichnungen im Englischen, die als **Singular** oder **Plural** angesehen werden können, je nachdem, ob man sich eher die **geschlossene Gruppe** oder die **einzelnen Mitglieder** vorstellt.

Dazu gehören:

team	Mannschaft	***army***	Armee
group	Gruppe	***government***	Regierung
class	Klasse	***party***	Partei
family	Familie	***crowd***	Menge
staff	Personal	***committee***	Komitee

▶

Man kann also zum Beispiel sagen:
The crowd was *very happy.*
oder:
The crowd were *very happy.*

Übung 2

Was ist wichtiger: die geschlossene Gruppe / Institution oder die einzelnen Mitglieder?

1. The family *is / are* all coming to the wedding.
2. In many countries the family *is / are* not so important any more.
3. The football team *is / are* having a shower after their match.
4. For the manager, the team *is / are* more important than the players.

Verben in der -ing-Form

Nach einer **Präposition** erscheint ein Verb in der **-ing-Form:**
*Thank you **for showing** us around.*

Es gibt auch einige **Verben, auf die** die **-ing-Form folgt:**
*We've **enjoyed staying** in Oxford.*

Dazu gehören folgende:

avoid	vermeiden
enjoy	sehr gern (tun)
imagine	sich vorstellen
finish	beenden, fertig werden mit
risk	riskieren
suggest	vorschlagen

*We **love having** visitors.*
*We **like having** young people in the house.*
Auf ***love*** (lieben) sowie ***like*** (mögen) **kann** ebenfalls die **-ing-Form** folgen.

Ordnen Sie die folgenden Wortgruppen, um sinnvolle Sätze zu bilden.

1. missing / buses / hates / everybody

....

....

2. love / new / meeting / people / they

....

....

3. next / suggest / bed and breakfast / I / a / trying / time

....

....

4. looking / to / forward / seeing / we're / soon / again / you

....

....

5. hated / saying / I've / goodbye / always

....

....

6. showing / us / for / thank / you / around

....

....

would like + to

In Verbindung mit ***would like*** kann man aber **nur** den **to-Infinitiv** anschließen:
*I'**d like to** stay there.*

Übung 4

Ergänzen Sie die Sätze: ***like to*** oder ***like -ing?***

1. Would you like Stephan .... (get) married?
2. We wouldn't like .... (see) the romance finish.
3. Does he like .... (stay) at the bed and breakfast round the corner?
4. He'd like .... (stay) at an expensive hotel.
5. I like .... (have) young people in the house.
6. Would you like her .... (show) us around the town?
7. Yes, we like .... (see) the sights.

E-Mail	
send / receive an email	eine E-Mail senden / empfangen
click (on) the Send button	Senden anklicken
I'll email you	ich schicke Dir eine Mail
forward a message	eine Nachricht weiterleiten
attachment	Anhang

Übung 5

Die Königs senden den Youngs einen Dankesbrief per E-Mail. **Setzen Sie die Verbformen in die großen Lücken ein und in die kleineren Lücken die Präpositionen *in, to* oder *with.***

Dear Mr and Mrs Young,

We .... (arrive) home safely yesterday evening. Please tell Stephan we .... (not, have) any problems and we .... (not, miss) the plane either! We enjoyed .... (meet) you so much. You ....

(be) so kind .... us in Oxford.
Thank you for .... (show) us around. We .... (have) a wonderful holiday.
We would really like to welcome you .... our home .... Munich.
We've got a room .... our basement .... a huge German double bed!
There .... (be) a bathroom .... a shower and a toilet. It's very comfortable, and we love .... (have) visitors.
What about .... (come) with Stephan at the end of term? We're looking forward to .... (hear) from you soon. Give our love .... Stephan and our best wishes .... Lucia and Akiro, and Rover.

Kindest regards,
Harald and Irmgard König

Wortschatz

again wieder
bath Bad
bed and breakfast (place) Pension
comfortable angenehm, bequem
corner Ecke
date Rendezvous, Verabredung
double bed Doppelbett
miss verpassen
pleasure Vergnügen
romance Romanze

round the corner	um die Ecke	**term**	Semester, Trimester
safe	sicher	**twin beds**	zwei Einzelbetten
show around	herumführen		
shower	Dusche	**visitor**	Besucher
soon	bald	**young**	jung
staff	Personal		
take care	auf sich aufpassen		

Unterkunft

Herr König hat ganz bewusst ein Zimmer mit ***twin beds*** (zwei Einzelbetten) bestellt, denn die englischen Doppelbetten fallen meist sehr klein aus. In den neueren Hotels gibt es aber inzwischen auch »normal große« Doppelbetten. Man sollte sich gleich beim Buchen des Zimmers danach erkundigen, falls man besondere Wünsche diesbezüglich hat. Da ist es auch nützlich zu wissen, dass man bei Doppelbetten zwischen ***queen size*** (ca. 140 cm breit) und ***king size*** (ca. 190 cm breit) unterscheidet. Herr König hätte sich also auch nach einem ***king size double bed*** erkundigen können, was zu seinem Namen bestens gepasst hätte!

Hotels in Großbritannien sind relativ teuer, sodass es sich unter Umständen lohnt, sich nach einem ***bed and breakfast*** umzusehen. Dies sind Pensionen, die meist ein mittleres bis gutes Unterkunftsniveau bieten und auf jeden Fall preiswerter sind als die größeren Hotels. Wie der Name schon sagt, bieten sie nur Übernachtung mit Frühstück an – aber ein englisches Frühstück kann ja, wie wir wissen, zu einer Hauptmahlzeit ausarten! ***Bed and breakfast*** wird oft ***B&B*** abgekürzt.

Unregelmäßige Verben

Infinitiv	Present Perfect	einfache Vergangenheit	
be	*has/have been*	*was*	sein
break	*has/have broken*	*broke*	kaputt machen
bring	*has/have brought*	*brought*	bringen
buy	*has/have bought*	*bought*	kaufen
catch	*has/have caught*	*caught*	fangen
come	*has/have come*	*came*	kommen
cost	*has/have cost*	*cost*	kosten
do	*has/have done*	*did*	tun
drink	*has/have drunk*	*drank*	trinken
drive	*has/have driven*	*drove*	fahren
eat	*has/have eaten*	*ate*	essen
fall	*has/have fallen*	*fell*	fallen
find	*has/have found*	*found*	finden
forget	*has/have forgotten*	*forgot*	vergessen
get	*has/have got*	*got*	bekommen, holen
give	*has/have given*	*gave*	geben
go	*has/have gone*	*went*	gehen
have	*has/have had*	*had*	haben
hear	*has/have heard*	*heard*	hören
hurt	*has/have hurt*	*hurt*	wehtun
keep	*has/have kept*	*kept*	behalten
know	*has/have known*	*knew*	kennen, wissen
learn	*has/have learnt*	*learnt*	lernen
leave	*has/have left*	*left*	gehen; lassen
lend	*has/have lent*	*lent*	ausleihen
let	*has/have let*	*let*	lassen
lose	*has/have lost*	*lost*	verlieren
make	*has/have made*	*made*	machen

Infinitiv	Present Perfect	einfache Vergangenheit	
mean	*has/have meant*	*meant*	bedeuten
meet	*has/have met*	*met*	treffen; kennenlernen
put	*has/have put*	*put*	hintun, setzen, stecken
read	*has/have read*	*read*	lesen
ring	*has/have rung*	*rang*	anrufen
run	*has/have run*	*ran*	laufen, rennen
say	*has/have said*	*said*	sagen
see	*has/have seen*	*saw*	sehen
sell	*has/have sold*	*sold*	verkaufen
show	*has/have shown*	*showed*	zeigen
sit	*has/have sat*	*sat*	sitzen; sich setzen
sleep	*has/have slept*	*slept*	schlafen
speak	*has/have spoken*	*spoke*	sprechen
spend	*has/have spent*	*spent*	ausgeben
spread	*has/have spread*	*spread*	sich verbreiten
stand	*has/have stood*	*stood*	stehen
take	*has/have taken*	*took*	nehmen
teach	*has/have taught*	*taught*	unterrichten
tell	*has/have told*	*told*	sagen, erzählen
think	*has/have thought*	*thought*	denken; meinen
throw	*has/have thrown*	*threw*	werfen, schmeißen
understand	*has/have understood*	*understood*	verstehen
wear	*has/have worn*	*wore*	tragen
write	*has/have written*	*wrote*	schreiben

Schlüssel zu den Übungen

Lektion 1

Übung 1: **1. Are** you from London? **2.** No, **I'm** from Aberdeen. **3. I'm** Stephan and you**'re** Steven. **4. Is** that coffee? **5.** Yes, that**'s** coffee.

Übung 2: **1.** No, **thanks. 2.** Yes, **please. 3. No,** I'm from Munich. **4. Yes,** I'm from Aberdeen.

Übung 3: **1.** Are you from Munich? **2.** No, I'm from London. **3.** Is that all right? **4.** Yes, thank you.

Übung 4: RAUCHEN VERBOTEN BITTE ANSCHNALLEN

Lektion 2

Übung 1: **1.** Here **are** the trolleys. **2.** Customs Control **is** over there. **3. Are** they heavy? **4.** The case **is** very heavy. **5. Is** the rucksack on the trolley? **6.** Flight BA946. We **are** over there.

Übung 2: **1. They're** very heavy. **2. It's** on the trolley. **3. It's** the flight from Munich. **4.** No, **they're** here. **5.** No, **it's** the blue exit.

Übung 3: **1.** Here is the case. **2.** Can we lift it? **3.** I am lost. **4.** They're over there.

Übung 4: **1.c** Nothing to declare **2.f** Arrivals **3.b** EC nationals **4.a** Baggage Reclaim **5.g** Departures **6.e** All other passports **7.d** Goods to declare

Lektion 3

Übung 1: **1.** When **2.** How **3.** Where **4.** How

Übung 2: **11 eleven 30 thirty 12 twelve 9 nine 50 fifty 90 ninety**

Übung 3: **1. an** hour **2. a** blue, white and yellow bus **3. an** Oxford bus **4. a** long journey **5. an** idiot **6. an** exit

Übung 4: **1.** Where are you **from? 2. to** the exit **3. on** the plane **4. on** the right **5. in** the travel bag **6.** the stop **for** Cambridge **7. at** twelve o'clock

Übung 5: **1.** Excuse me. - Yes? - Where's the stop for Oxford, please? - It's over there. - Thank you. **2.** A ticket to Heathrow, please. - Single or return? - Return. - That's thirteen pounds.

Lektion 4

Übung 1: **1.** They must be English. **2.** No, they aren't. **3.** You must be hungry. **4.** No, we aren't hungry, thanks. / No thanks, we aren't hungry.

Übung 2: **1. Are** they hungry? **2.** No, they **aren't,** but they**'re** very tired. **3.** We**'re** happy here, but she **isn't. 4. Are** you two from Italy? - No, we **aren't**, but they **are. 5.** No thanks, I**'m** full. I**'m not** hungry.

Übung 3: **1.c - 2.d - 3.e - 4.b - 5.a**

Übung 4: **1.** Nice to **meet** you. **2. Leave** the bags in the hall. **3.** Oh dear, you must be **tired.** Sit down. **4.** Oh dear, you're **hungry.** Have a sandwich. **5.** The hall is full of **bags. 6.** The school is full of **Japanese students.**

Übung 5: **English Scottish Japanese German European**

Lektion 5

Übung 1: **1. her** room **2. his** room **3. your** Walkman **4. my** radio

Übung 2: Lucia**'s room** ... Stephan**'s** ... opposite Akiro**'s** ... chair**s** ... two case**s** and two bag**s** ... Lucia**'s** bag**s** ... English book**s**.

Übung 3: **1.** it **hasn't got 2.** I**'ve got 3.** It**'s got 4.** She**'s got** ... she **hasn't got 5.** They**'ve got 6.** We**'ve got** ... we **haven't got 7.** I **haven't got**

Übung 4: **1.b - 2.d - 3.c - 4.e - 5.a**

Übung 5: ... **How** are you? ... **Where**'s that? ... **Where**'s Finland? ... **Who**'s Eila?

Lektion 6

Übung 1: Tim and Penny live in London. Tim work**s** for a big bank ... He get**s** up ... and leave**s** the house ... Penny go**es** to work ... She teach**es** ... They like ..., but they love ... Penny do**es** her shopping ... Tim get**s** home ... He relax**es** and Penny do**es** the cooking.

Übung 2: **1.** Our dog always loves its muesli. **2.** They normally have their supper at seven. **3.** We usually leave our dog in the kitchen. / We usually leave the dog in our kitchen. **4.** They sometimes come back late from their classes.

Übung 3: **1.** five past six **2.** ten to twelve **3.** twenty-five past three **4.** half past two / two-thirty **5.** quarter to nine **6.** eleven (o'clock)

Übung 4: **1.** I usually get up at quarter to seven. **2.** We normally have breakfast in the kitchen. **3.** For breakfast we have coffee and eggs with toast. **4.** I usually have a snack at midday / for lunch. **5.** I often speak English at work.

Lektion 7

Übung 1: **2.** Whose ring is it? **3.** Whose case is it? **4.** Whose toast is it? **5.** Whose dog is it? **6.** Whose chairs are they?

Übung 2: **1.** It's his key. **2.** It's our problem. **3.** It's his problem. **4.** It's my dog. **5.** It's their garden.

Übung 3: **1.** I don't know where the key is. **2.** She doesn't get back at three. **3.** He doesn't come to the conversation class. **4.** They don't get home at five. **5.** You don't forget things. **6.** We don't think it's a good thing. **7.** It doesn't like its muesli cold.

Übung 4: **1.** She doesn't often forget things. **2.** We don't usually leave the dog outside. **3.** They haven't always got problems. **4.** He doesn't normally come home late at night. **5.** You don't usually get in so early. **6.** I don't often find the time.

Lektion 8

Übung 1: **1. Does** **2. Do** **3. Do** **4. Do**

Übung 2: **1.** How much does it cost? **2.** When do you play? **3.** Why does he go on Fridays? **4.** Where do they play? **5.** Why do you like it?

Übung 3: Yes, **I do.** - No, **it doesn't.** - Yes, **they do.** - Yes, **he does.** - No, **we don't.**

Übung 4: **1.** He wants to meet his friends on Saturday. **2.** We don't do sport in the mornings. **3.** Do you want to come on Monday afternoon? **4.** They usually play tennis on Fridays. **5.** Does she cook for the family in the evenings?

(In Nummer **1.**, **2.** und **4.** kann die Zeitangabe auch am Satzanfang erscheinen.)

Lektion 9

Übung 1: **1.** She**'s buying** some clothes. **2.** They**'re cooking** some spaghetti. **3.** He**'s having** his supper. **4.** They**'re enjoying** the film.

Übung 2: **1.c - 2.b - 3.d - 4.a**

Übung 3: **1.** Is Lucia getting up? **2.** Is the bus leaving? **3.** Are Lucia and Akiro coming? **4.** Is Stephan looking forward to supper? **5.** Is he/she enjoying the film? / Are you enjoying the film?

Übung 4: **1.** He isn't buying any fruit. **2.** They aren't meeting any friends. **3.** I'm not having any toast. **4.** She isn't getting any tickets. **5.** We aren't going to the sports centre. **6.** You aren't doing the cooking.

Übung 5: **1.** I'd like that pineapple, please. **2.** I'd like those grapes, please. **3.** I'd like those apples, please. **4.** I'd like that case, please. **5.** I'd like that coat, please.

Lektion 10

Übung 1: **1**. He's giving his presentation next Monday afternoon. **2.** Are you going on the trip tomorrow? **3.** Isn't she meeting them next week? **4.** We aren't having supper at home tomorrow evening. **5.** I'm not doing the shopping this weekend. **6.** I'm playing tennis with them on Friday.
(In Nummer **1., 4., 5.** und **6.** kann die Zeitangabe auch am Satzanfang erscheinen.)

Übung 2: **1.** him **2.** me **3.** us **4.** them **5.** her **6.** me; you

Übung 3: **1.** bus **2.** map **3.** trip **4.** paper **5.** castle

Übung 4: **1.** Would you like to come with us? **2.** Would you like to go to Warwick with them? **3.** Would you like to go/come to town with me? **4.** Would you like to play tennis with her? **5.** Would you like to go with him?

Übung 5: **6 - 4 - 2 - 5 - 1 - 3** Der Dialog lautet also wie folgt: Would you like some fruit? - Yes, I'd like some grapes, please. - Which grapes - black or white? - White, please. - Here you are. - Thank you.

Lektion 11

Übung 1: **1.** us (= Objektpronomen; alle anderen sind Subjektpronomen) **2.** white (alle anderen sind Fragewörter) **3.** today (alle anderen sind Wochentage) **4.** lot (ist keine Präposition) **5.** journey (alle anderen sind Transportmittel) **6.** food (alle anderen sind Gebäude) **7.** hungry (alle anderen sind Häufigkeitsadverbien) **8.** late (alle anderen drücken ein Gefühl aus)

Übung 2: **1.** They **usually get back** very late. **2.** ... this time she**'s staying** in a hostel. **3.** ... tonight we**'re cooking** lasagne. **4.** I **normally get** the early train.

Übung 3: **1.** When is she leaving? **2.** Why does she hate her room? **3.** Where are they going (to)? **4.** Where do they want to meet them / their friends? **5.** What are you cooking? **6.** Who do you think is great? **7.** Why are you working late?

Übung 4: **1.** No, they don't. They come from Bordeaux. **2.** No, they aren't. They're staying at a hostel. **3.** No, they aren't. They're late. **4.** No, they don't. They usually arrive early. **5.** No, she doesn't. She likes junk food. **6.** No, she isn't. She's giving them (some) crisps and (some) chocolate.

Lektion 12

Übung 1: **1.** ... **they're** women ... **2. There are** some grapes ... **They're** very sweet. **3. There are** rats and mice ... **They're** horrible! **4. They're** wax figures ... **They're** fascinating. **5. There are** lots of interesting portraits ... **6.** ... **they're** boring!

Übung 2: **1.** ... there**'s** some lovely antique furniture ... **2.** ... there **are** horrible wax figures ... **3.** There **are** a lot of people ... **4.** ... there**'s** a guided tour. **5.** There**'s** a lot of information ... **6.** There **are** torture chambers. **7.** There **are** two of them. **8.** ... there**'s** time for a guided tour.

Übung 3: **1.** ohne **an** **2. a** bleibt **3.** ohne **an** **4. a** bleibt **5.** ohne **a** **6. a** bleibt

Übung 4: **1.** useful **2.** big **3.** good **4.** boring **5.** horrible **6.** interesting

Übung 5: **1.** sounds **2.** look **3.** sound **4.** look; sound (bzw. umgekehrt) **5.** sounds

Lektion 13

Übung 1: **1.** ... she**'s ordered** four cream teas. **2.** ... she **hasn't asked** for more jam. **3.** ... we**'ve asked** for tea. **4.** ... they **haven't asked** for sandwiches. **5. Have you asked** for lots of jam? **6. Has he ordered** any more tea?

Übung 2: **1.** Have you ever played golf? **2.** Have they ever looked after your children? **3.** Has he ever cooked spaghetti? **4.** Has she ever eaten Japanese food? **5.** Have you ever used a computer? **6.** Have you (ever) been to the Ritz?

Übung 3: **1.** Have you had your tea yet? **2.** Yes, I've just eaten lots of scones, thanks. **3.** We have never been so full. **4.** Claudine has already used all the jam. **5.** Has Stephan ever looked so happy before?

Übung 4: **1.** ... too **many** scones. **2.** There isn't **much** milk. **3.** ... too **much** tea. **4.** There aren't very **many** tourists ... **5.** Have you seen **many** interesting things? **6.** I haven't really had so **much** to eat!

Übung 5: **1.** much **2.** many **3.** many **4.** many **5.** much

Lektion 14

Übung 1: **1. for** a long time **2. since** January **3. for** six months **4. since** last year **5. for** weeks

Übung 2: **1.** I've been here since five o'clock. **2.** They've known us for months. **3.** We've had the house since 1990. **4.** Have you known him long?/for a long time? **5.** They've lived in Oxford for twenty years. **6.** He's been in the shop for ten minutes.

Übung 3: **A:** ... my **goodness!** **B:** You look **awful.** **A:** ... **B:** Oh, **no!**; ... all **right?** **A:** ... he **seems** okay. **B:** ... **all** right? **A:** Don't **worry** ...

Übung 4: **1.** Oh, really? **2.** Never mind. **3.** I'm really sorry. **4.** Of course. **5.** Oh dear.

Übung 5: **1.c - 2.e - 3.b - 4.a - 5.d**

Lektion 15

Übung 1: **2. - 3. - 1.**

Übung 2: **1.f - 2.e - 3.a - 4.c - 5.g - 6.d - 7.b**

Übung 3: We**'re enjoying** our trip ... We**'ve been** here for four weeks ... we**'ve done** a lot of interesting things. We**'ve visited** so many castles ... tomorrow we**'re going** to Bavaria ... The weather**'s been** very good ... We**'ve met** so many friendly people and they all **speak** very good English. Carol now **wants** to learn some German ... She **loves** it here. We hope you**'re having** a good time ... We**'re looking** forward to your news.

Übung 4: **1.** He must go to bed. **2.** I need information about the courses. **3.** Could you send me some money? **4.** We've had lots of cream teas. **5.** You should go on a diet.

Übung 5: **1. from** Germany **2. in** English **3.** put **on** **4.** photos **of** the family **5.** looking forward **to** **6. to** Bavaria **7.** money **for** books

Lektion 16

Übung 1: **1.** smart**er** **2.** nice**r** **3.** cheap**er** **4.** fat**ter** **5.** big**ger** **6.** eas**ier**

Übung 2: **1.** than **2.** than **3.** as **4.** as **5.** as **6.** than

Übung 3: **1.** The women **have got to** wear hats. **2.** He**'s got to/has got to** buy a new shirt for the wedding. **3. Have** they **got to** buy new clothes? **4.** I**'ve/have** really **got to** go to town now. **5. Have** we **got to** go on a diet? **6.** She**'s/has got to** wear a dress to the wedding, not trousers.

Übung 4: **1.b - 2.a - 3.c - 4.d - 5.f - 6.e**

Lektion 17

Übung 1: **1.** easier; more difficult **2.** more useful **3.** wetter **4.** more fascinating **5.** more interesting

Übung 2: **1.** Could **2.** might **3.** could; might **4.** Could **5.** might

Übung 3: **A:** Could you lend me 35 pounds? **B:** Sure. **A:** I don't normally borrow money. **B:** That's okay./That's fine. **A:** Thank you. That's very kind of you.

Lektion 18

Übung 1: **A:** What **are you going to do** after university? **B: I'm going to work** in a bank and **I'm going to make** a lot of money. **A:** Well, **I'm not going to live** in town. **I'm going to have** a house in the country. **B:** In the country! You **aren't going to find** work there. **A: I'm not going to get** a job. He**'s going to buy** me a lovely big house. **B:** He? **A:** Yes, my millionaire. Let me explain ...

Übung 2: **1.** She**'s going to report** it to the police. **2.** Everything**'s going to** be all right. **3.** He**'s going to** panic. **4.** They**'re going to give** it to the police. **5.** I**'m going to ring** my parents and tell them. **6.** I'm sure we**'re going to have** a wonderful holiday in the country.

Übung 3: **1.** She **isn't going to report** it to the police. **2.** Everything **isn't going to be** all right. **3.** He **isn't going to panic.** **4.** They **aren't going to give** it to the police. **5.** I**'m not going to ring** my parents and tell them. **6.** I'm sure we **aren't going to have** a wonderful holiday in the country.

Übung 4: **1.** Is everything going to be all right? **2.** Is he going to believe it? **3.** Is she going to ring up? **4.** Are they going to have an interesting English class? **5.** Are you going to help me? **6.** Is there going to be a crisis?

Übung 5: **1.b - 2.a - 3.e - 4.d - 5.c**

Lektion 19

Übung 1: I'll do it. No problem - she'll drive us back. Oh, it'll be all right. They'll help you. We'll get them.

Übung 2: **1.** Stephan won't make any more mistakes. **2.** Mrs Young won't have/drink any wine. **3.** Lucia won't drink/have too much wine. **4.** Mr Young won't drive home.

Übung 3: **1.** When **2.** If **3.** If **4.** When **5.** If

Übung 4: **1.** He drives **slowly** and **carefully**. **2.** She speaks English **fluently.** **3.** They are learning **slowly.** **4.** I've done it **badly**. **5.** You've cooked it **nicely.**

Übung 5: **1.** mine **2.** theirs **3.** hers **4.** His **5.** yours **6.** ours

Lektion 20

Übung 1: **1.** You **mustn't** drive when you're tired. **2.** They **haven't got to** eat if they aren't hungry. **3.** Don't worry, you **haven't got to** clear up after the picnic. **4.** You **mustn't** throw the cans in the paper bank. **5.** We **haven't got to** go back yet.

Übung 2: **1.d - 2.b - 3.a - 4.e - 5.c**

Übung 3: … these blue **ones**? … the big white **ones** … A small **one**? … Yes, a small **one** … but give the boys large **ones** … Which **ones**? … The **ones** with egg and bacon … I'll have **one**, too.

Übung 4: **A:** I've never **heard of** it. **B:** ... we must **look after** the environment. **A:** I **think** recycling is a very good idea. **B:** I'll **throw away** the litter ... **A:** ... don't **throw away** the knives and forks!

Lektion 21

Übung 1: **A:** Where **were** you yesterday? **B:** We **were** in the country with Mr and Mrs Young. **A: Was** the weather bad? **B:** No, it **wasn't.** It **was** lovely and sunny. **A: Was** Lucia with you? **B:** Yes, she **was.** We had an exciting day. **A:** An exciting day? Why **was** that? **B:** We **were** stuck in the middle of the countryside and there **wasn't** any petrol in the tank and it **was** dark. **A: Were** you scared? **B:** No, we **weren't.** The Youngs **were** quite upset, but it **wasn't** really their fault. And we had some fun. **A:** Well, that certainly **was** fun! We **were** stuck on a coach in the middle of London for hours!

Übung 2: Just **a little**, please … there are only **a few** biscuits left … Could I have **a little** bit of fruit … There are only **a few** grapes … just **a little** bit.

Übung 3: **1.** They were in the country. They had a picnic. **2.** The weather wasn't so good. **3.** I was scared. **4.** But we had a lot of fun. **5.** It wasn't her fault. **6.** We had a long walk to the garage. **7.** They were hungry and tired. **8.** He was lucky.

Lektion 22

Übung 1: **1.** He walked to the nearest phonebox to ring home. **2.** But it was a coinbox and he only had a phonecard. **3.** The next phone was out of order. **4.** So he asked someone for some change. **5.** Then he walked back to the first phonebox. **6.** He dialled the number but there wasn't anybody at home.

Übung 2: **1.** No, he didn't. **2.** Yes, he did. **3.** No, he didn't. **4.** Yes, he did. **5.** No, he didn't.

Übung 3: **1.** somebody **2.** anybody **3.** somebody **4.** anybody **5.** Somebody **6.** anybody

Übung 4: **1.c - 2.b - 3.d - 4.a**

Lektion 23

Übung 1: **1.** from; for **2.** brave; from **3.** at; on **4.** broke; quickly

Übung 2: Regelmäßig: asked – caused – liked – lived – loved – helped – knocked – saved – turned – walked – wanted
Unregelmäßig: broke – caught – got – heard – hurt – let – ran – said – saw – spread – told

Übung 3: **1.** What did they hear? **2.** Where did they run to? **3.** What did they see in the house? **4.** How did they break the window? **5.** Where did the flames spread to?

Übung 4: **1.** How did the frying pan catch fire? **2.** What did you try to do at first? **3.** Why didn't you open the window? **4.** Why didn't you ring the police? **5.** How much damage did the fire cause? **6.** What did you say to the students?

Übung 5: **1.** She told ~~to~~ the police that she was unhurt. **2.** The paper said ~~that~~ there was severe damage. **3.** Tell ~~to~~ them to get out quickly. **4.** Did you tell the students ~~that~~ you were too shocked?

Lektion 24

Übung 1: **A:** I'd like two tickets for tomorrow evening, please. **B:** Which seats, sir? **A:** In the stalls or in the balcony. / In the balcony or in the stalls. **B:** There are no seats left in the stalls, I'm afraid. / I'm afraid there are no seats left in the stalls. **A:** Then two balcony seats, please. **B:** That'll be £45. **A:** Do you take credit cards? **B:** Of course, sir. Just give me the number.

Übung 2: **1.c - 2.d - 3.a - 4.e - 5.f - 6.b**

Übung 3: **1.** to ring **2.** seeing **3.** to bring **4.** seeing **5.** to take **6.** listening to

Übung 4: **1.** saw **2.** lived **3.** were **4.** forgot **5.** got up **6.** had **7.** caught **8.** booked

Übung 5: … I saw it, **too** … I didn't **either** … I can't **either** … I would, **too.**

Lektion 25

Übung 1: **1.** been **2.** gone **3.** gone **4.** been **5.** gone **6.** been

Übung 2: **1.** hard; fast **2.** hardly **3.** near **4.** nearly **5.** late **6.** lately **7.** high **8.** highly

Übung 3: Well **done** … well **read** … very well **dressed** … very well **made.**

Übung 4: **1.d - 2.b - 3.e - 4.c - 5.a**

Übung 5: **1.** any**body** **2.** every**thing** **3.** No**body** **4.** every**where** **5.** any**thing** **6.** some**where** **7.** no**where** **8.** some**thing** **9.** some**body**

Lektion 26

Übung 1: **1.** plane **2.** bike **3.** plane **4.** plane **5.** bike **6.** bike **7.** car **8.** bike **9.** bike **10.** car

But the most interesting way for me is by car/jeep/bus/bike/motorbike/plane/hot-air balloon/...

Übung 2: **1.e - 2.b - 3.c - 4.g - 5.h - 6.d - 7.a - 8.f**

Übung 3: **1.** You'd better go to bed early. **2.** We'd better have something to eat. **3.** She'd better wear (some) warmer clothes. **4.** They'd better get them from the/a machine. **5.** We'd better do the/some shopping. **6.** She'd better be quick.

Übung 4: Kevin gets **up** at 7.30. ... and gets **to** work at 9.15. He gets **on** the bus ... and gets **off** ... then walks **to** the office ... **by** bus ... go **on** foot ... **for** lunch ... doesn't get **back** home ... gets **tired** quickly ... he's getting **old** ... get **lost**!

Lektion 27

Übung 1: **2., 4., 5., 7.** beschreiben abgeschlossene Handlungen

Übung 2: **1.** While they **were waiting** ... **2.** ... it **was raining** ... **3.** ... the rain suddenly **stopped.** **4.** He **was talking** ... **5.** The shop assistant **didn't know** ... **6.** ... the day we **went** to Harrods.

Übung 3: ... **to** the supermarket ... **too** many people ... good **enough** ... **too** expensive ... **enough** money ... **enough** time ... **to** the bank ... **too** far away ... thank him **enough.**

Übung 4: **1.c - 2.b - 3.d - 4.f - 5.e - 6.a**

Übung 5: **1.** (f) You've got to/You must take an umbrella with you. **2.** (r) **3.** (f) You've got to/You must queue at a bus stop. **4.** (f) You haven't got to smile all the time. **5.** (f) Men haven't got to wear bowler hats.

Lektion 28

Übung 1: **1.** Have you ever met a film star? – No, I haven't. **2.** Has she ever been to Rome? – Yes, she has. **3.** Have they ever ordered real French champagne? – No, they haven't. **4.** Has he ever seen Prince Charles on TV before? – No, he hasn't. **5.** Have we ever done this before? – Yes, we have. **6.** Have you ever watched tennis at Wimbledon? — Yes, I have.

Übung 2: **1.d** Yes, I **saw** him in a film last week. **2.f** Yes, she has. She **switched** it off after the 6 o'clock news. **3.c** You **put** it in the car yesterday. **4.a** That's not true. He **went** to see *Romeo and Juliet* last year. **5.e** They **made** it half an hour ago. It's cold now.
6.b I have. I **had** them with my tea half an hour ago. I **was** hungry.

Übung 3: **1.** He **went** to watch ... **2.** She **hasn't come** home ... **3.** ... they **played** tennis ... **4.** She **hasn't had** a good game ... **5.** He **phoned** me ... **6.** We **haven't done** anything interesting ... **7.** I **visited** them ... **8.** ... they**'ve never been** to see me ...

Übung 4: **1.** I saw the man yesterday. **2.** We've never seen him. **3.** She met her brother two days ago. **4.** I haven't seen her yet. **5.** He saw the film in Paris at Easter. **6.** She hasn't rung him yet. **7.** He was in New York at/for Christmas. **8.** Have you ever been to New York?

Lektion 29

Übung 1: **A:** How do you do? **B: How do you do.** **A:** I hope you had a good flight? **B: Yes we did, thank you.** **A:** You're lucky with the weather. **B: Yes, we are.** **A:** Have you been here before? **B: No, we haven't.** **A:** Well, welcome to Oxford. **B: Thank you. My wife and I are very happy to be here.**

Übung 2: What happened? ... Who got married? ... Which meeting (was so boring)? ... Who gave you a lift (to town)? ... Which contract (did you get)?

Übung 3: **1.** hurt **herself** **2.** leaves **himself** **3.** drive there **themselves** **4.** do it **ourselves** **5.** teach **myself** **6.** tell him **yourself** **7.** help **yourselves**

Übung 4: **1.** good, lovely, rainy – weather **2.** good, important – business meeting **3.** good, important, lovely, rainy – day **4.** good, lovely – flight **5.** good, large, important, small – firm

Übung 5: They **knew** each other from the office. They **saw** each other every day but they didn't really **talk** to each other. Then one day they **met** each other in the street. In fact they actually **bumped** into each other. They were both carrying heavy shopping bags and the shopping went all over the pavement. They **helped** each other to pick the things up, **looked** at each other and **fell** in love. They **got** married a month later and promised to **love** each other and never **hurt** each other and, of course, as in all good love stories, they **lived** happily ever after.

Lektion 30

Übung 1: **1.** I'd like a double room with twin beds and a bathroom. **2.** I'd like a single room with a shower. **3.** I'd like a double room with a big double bed. **4.** I'd like a room with breakfast for two people for three nights. **5.** I'd like breakfast in bed. **6.** I'd like the bill.

Übung 2: **1.** are **2.** is **3.** are **4.** is

Übung 3: **1.** Everybody hates missing buses. **2.** They love meeting new people. **3.** I suggest trying a bed and breakfast next time. **4.** We're looking forward to seeing you again soon. **5.** I've always hated saying goodbye. **6.** Thank you for showing us around.

Übung 4: **1.** to get **2.** to see **3.** staying **4.** to stay **5.** having **6.** to show **7.** seeing

Übung 5: We **arrived** home safely yesterday evening. Please tell Stephan we **didn't have** any problems and we **didn't miss** the plane either! We enjoyed **meeting** you so much. You **were** so kind **to** us in Oxford. Thank you for **showing** us around. We **had** a wonderful holiday.

We would really like to welcome you **to** our home **in** Munich. We've got a room **in** our basement **with** a huge German double bed! There**'s** a bathroom **with** a shower and a toilet. It's very comfortable, and we love **having** visitors.

What about **coming** with Stephan at the end of term? We're looking forward to **hearing** from you soon. Give our love **to** Stephan and our best wishes **to** Lucia and Akiro, and Rover.

Kindest regards,
Harald and Irmgard König

Wörterverzeichnis

Lektionen 1–30

Die Zahlen geben die Lektion an, in der das Wort im angegebenen Sinn zum ersten Mal erscheint.

A

a ein(e) **3**
a few ein paar, wenige **21**
a little (bit) ein wenig/bisschen **21**
a lot of viel(e) **13**
about über, von **12**
  ungefähr **10**
across hinüber **24**
actually eigentlich **1**
address book Adressbuch **18**
advice Rat*(schlag)*, Ratschläge **12**
afraid *in:* **I'm afraid** leider **24**
after nach **7**
  after all schließlich **6**
afternoon Nachmittag **6**
afterwards danach, hinterher **23**
again wieder **30**
ago *in:* **two years ago** vor zwei Jahren **24**
all alle **2**; alles **25**
  all right in Ordnung **1**
already schon **5**
always immer **6**
am bin **1**
an ein(e) **3**
and und **1**
another ein(e) andere(r, -s) **22**
antique antik **12**
any *in:* **not any** kein(e) **9**
  any more ...? noch mehr/etwas ...? **13**
  anybody irgendjemand **25**
  anything *in:* **not ... anything** nichts **21**
  anyway sowieso, nur **14**
apple Apfel **9**
are sind **1**
arrive ankommen **11**
art gallery Gemäldegalerie **12**
as ... as (genau)so ... wie **16**
ashtray Aschenbecher **14**
ask fragen **8**
ask for bitten um **13**
at an, bei, in **2**
autograph Autogramm **27**
awful furchtbar **12**

B

back *in:* **be back** zurück sein **7**
bacon Frühstücksschinken **6**
bad schlecht **17**
  bad news eine schlechte Nachricht **17**
balcony oberster Rang **24**
bank Bank **6**
  bank account Bankkonto **17**
  bank holiday Feiertag **18**
basement Untergeschoss **25**
basketball Basketball **8**
bath Bad **30**
bathroom Badezimmer **5**
be sein **1**
because weil **7**
bed Bett **5**
  bed and breakfast (place) Pension **30**
  bedroom Schlafzimmer **5**
before vor **7**
behind hinter **20**
believe glauben **18**
best beste(r, -s) **26**
better *in:* **we'd better** wir ... besser; wir sollten lieber ... **26**
big groß **5**
bike Fahrrad **26**
bill Rechnung **25**
biscuit Keks **21**
black grapes blaue Trauben **9**
blouse Bluse **16**
blue blau **2**
boat trip Bootsfahrt **25**
bodybuilding Bodybuilding **8**
book bestellen, reservieren **24**
  Buch **15**
boring langweilig **12**
borrow sich leihen **17**
both beide **16**
bottle Flasche **19**
  bottle bank Altglascontainer, Altglassammelstelle **20**
box Kasten, Kiste **24**
box office Theaterkasse **24**
boy Junge **15**

D
Dad Vati **15**
Daddy Vati, Papi **15**
damage Schaden **23**
dark dunkel **21**
date Rendezvous, Verabredung **30**
day *in:* **a day out** ein Tagesausflug **11**
dear *(Anrede, wird nicht übersetzt)* **14**
  liebe(r) **15**
delicious lecker **13**
dial wählen **22**
diet Diät **15**
  go on a diet Diät machen **15**
difficult schwierig **15**
dinner Abendessen **6**
dish Gericht **25**
do machen **10**
dog Hund **6**
door Tür **5**
double bed Doppelbett **30**
down *in:* **down the road** die Straße runter **17**
  down the Thames der Themse entlang **25**
dramatic dramatisch **29**
dress Kleid **16**
dressing Dressing, Salatsoße **25**
drink trinken **21**
drive fahren **19**
  drive back zurückfahren **19**
driver Fahrer **3**
dungeon Burgverlies **25**

E
each other einander, gegenseitig **29**
early früh **7**
easy einfach, leicht **16**
eat essen **9**
EC card EC-Karte **17**
egg Ei **6**
either *in:* **not either** auch nicht **24**
elderly ältere(r, -s) **23**
elegant elegant **24**
elephant Elefant **27**
empty leer **20**
end Ende **24**
England England **3**
English englisch **1**
  Englisch **5**
  I'm Englisch ich bin Engländer(in) **1**
Englishman Engländer **13**
enjoy gern machen, genießen **9**
enormous riesig **27**
enough genug, ausreichend **15**
environment Umwelt **20**
environmental Umwelt... **20**
EU EU **2**
euro Euro **15**
European Union Europäische Union **2**
even sogar **27**
evening Abend **6**
ever je(mals) **13**
every jede(r, -s) **12**
everybody alle *(Leute)* **6**
everything alles **18**
excellent ausgezeichnet **21**
exciting aufregend **21**
excuse me Entschuldigung **3**
exercises *(Turn)*Übungen **8**
exit Ausgang **2**
expensive teuer **16**
expert Experte **17**
explain erklären **18**
expression Ausdruck **25**
extra extra, Extra... **5**

F
fall in love sich verlieben **29**
family Familie **5**
fantastic fantastisch **12**
far weit **17**
fascinating faszinierend **12**
fashion parade Modenschau **16**
father Vater **28**
fault Defekt **19**
  it's his fault er ist schuld **21**
favourite Lieblings... **28**
feel sich fühlen **25**
  feel hungry Hunger haben **25**
feet Füße **12**
fifty fünfzig **3**
film Film **28**
find finden **7**
fine in Ordnung, okay **17**
finish beenden **7**
fire Feuer **23**
firm Firma **29**
first (of all) zuerst **18**
fish and chips Fisch mit Pommes **9**
fit passen **16**

fitness centre Fitnessstudio **8**
flame Flamme **23**
flat Wohnung **23**
flight Flug **2**
  flight attendant Flugbegleiter(in) **1**
fluently fließend **19**
food Essen **9**
for für **2**
  for nothing umsonst **27**
forget vergessen **7**
fork Gabel **19**
foul verunreinigen **20**
French Französisch **17**
fridge Kühlschrank **7**
friend Freund **8**
friendly nett, freundlich **11**
from von, aus **1**
fruit Obst **9**
frying pan Bratpfanne **23**
full voll **21**
  full of voller **4**
  fully booked vollkommen ausgebucht **24**
fun *in:* **have fun** Spaß haben **14**
  it's fun es macht Spaß **9**
furniture Möbel **12**

G

game show Spielshow **28**
garage Tankstelle **21**
German deutsch **1**
Germany Deutschland **15**
get holen, sich besorgen, bekommen **17**
  get back zurückkommen **7**
  get fat dick werden **16**
  get home zurückkommen, heimkommen **7**
  get in reinkommen, heimkommen **7**
  get married heiraten **29**
  get off aussteigen **26**
  get on einsteigen (in) **11**
  get out of aussteigen aus **11**
  get out of control außer Kontrolle geraten **23**
  get to kommen nach **26**
  get under sich unterstellen unter **27**
  get up aufstehen **6**
ghost story Geistergeschichte **21**
girl Mädchen **15**
give geben **10**
  give back zurückgeben **18**
glad froh **11**
glass Glas **14**
go gehen **6**
  go on a guided tour eine Führung mitmachen **12**
  go out ausgehen **10**
  go past vorbeifahren an **26**
  going to werden **18**
good gut **2**
  good news eine gute Nachricht **18**
goodness *in:* **my goodness!** du meine Güte! **14**
got *in:* **have/has got** haben **5**
Grandma Oma **15**
grandmother Großmutter **28**
grape Traube **9**
great großartig, fantastisch **11**
  have a great time sich riesig amüsieren **21**
green grün **2**
grey grau **24**
grilled gegrillt **25**
ground floor Erdgeschoss **23**
guess erraten **25**
guidebook Fremdenführer **12**
guided tour Führung **12**
gym, gymnasium Fitnessstudio **8**

H

half halb **3**
  half a mile eine halbe Meile **19**
  half past halb **6**
hall Flur **4**
hand Hand **29**
handsome gut aussehend, fesch **24**
happen passieren **14**
happy glücklich **4**
hard schwer, sehr **25**
hat Hut **16**
hate hassen **11**
have haben **6**
  have a look at something sich etwas ansehen **25**
  have a look round sich umsehen **12**
  have got haben, besitzen **5**
  have got something on etwas anhaben **7**
  have got to müssen **16**
he er **4**
hear hören **20**

heavy schwer 2
hello hallo 2
help helfen 10
  help out hinaushelfen 23
her ihr(e) 5
  sie, ihr 10
hers ihres *usw.* 19
herself sich 29
here hier 2
hi hi! 2
highlights Zusammenfassung, Höhepunkte 28
him ihn, ihm 10
himself sich 29
his sein(e) 5; seines *usw.* 19
home *in:* **at home** zu Hause 9
hope hoffen 15
horrible furchtbar 12
hostel *(Studenten)*Wohnheim 11
hour Stunde 3
house Haus 5
how wie 3
  how long wie lang 3
  how much wie viel 3
huge riesig 21
hungry hungrig 4
hurt wehtun 12
  verletzen, wehtun 29
husband Ehemann 16

I
I ich 1
  I'm, I am ich bin 1
idiot Idiot 3
if wenn; falls 19
important wichtig 29
in in 3
  in fact eigentlich 14
information Information(en) 12
insert einführen, einwerfen 22
inside drinnen 7
interesting interessant 12
into in 17
is ist 1
it es/er/sie 2
itself sich 29
Italy Italien 4
its sein(e) 6

J
jam Marmelade 13
Japan Japan 4
Japanese japanisch 4
journey Fahrt 3
jump the queue sich vordrängeln 27
junk food Junkfood *(wertlose Industrienahrung)* 11
just gerade, soeben 11

K
keep (be)halten 20
  keep fit fit bleiben 8
key Schlüssel 7
  key ring Schlüsselbund 7
kind nett, liebenswürdig 10
kiss Kuss 15
kitchen Küche 5
knee Knie 29
knife Messer 19
knock Klopfen 5
  knock over umstoßen 14
know wissen 7

L
ladies *in:* **the ladies** die Damentoilette 25
lady Dame 3
language school Sprachenschule 4
large groß 25
lasagne Lasagne 9
last letzte(r, -s) 14
late spät 6
lately in letzter Zeit 29
later später 6
learn lernen 15
leave lassen 4
  weggehen 6
left (nach) links 19
  there isn't any ... left ... *(Benzin)* ist ausgegangen, kein ... ist mehr übrig 21
lend leihen 17
lesson *(Unterrichts)*Stunde 21
let lassen 7
letter Brief 15
lift heben 2
  give somebody a lift jemanden mitnehmen 29
like *in:* **I'd like** ich hätte gern 9
line Linie 26
listen to sich anhören 23

litter Abfall 20
litter bin Abfallkorb, -kübel 20
little klein 14
live leben, wohnen 6
living room Wohnzimmer 23
local paper Lokalblatt 10
long lang 26
look aussehen 12
gucken, schauen 7
look after sich kümmern um 11
look at ansehen, angucken 16
look for suchen, sich umsehen nach 22
look forward to sich freuen auf 9
lose verlieren 18
lose weight abnehmen 25
lost verloren 7
be lost sich verlaufen haben 2
lots of viel(e) 13
loud laut 28
love Liebe, *hier*: viele/liebe Grüße 15
lieben 6
I'd love to liebend gern 10
lovely schön 5
low niedrig 19
lucky *in:* **be lucky** Glück haben 5
lunch Mittagessen 6

M
machine Automat 26
magazine Zeitschrift 28
make machen 12
man Mann 3
men *(Pl.)* Männer 8
many viele 13
so many so viele 13
too many zu viele 13
map *(Land)*Karte 10
matter *in:* **what's the matter?** was ist los? 18
maybe vielleicht 8
me mich, mir 10
meal Mahlzeit, Essen 6
meet sich treffen mit 8
meeting Begegnung 27
mice *(Pl.)* Mäuse 12
midday Mittag 6
middle Mitte 21
might *in:* **I might** ... vielleicht ... ich 17
mile Meile 19
milk Milch 1
mine meines *usw.* 19
minute Minute 3
miss vermissen 28
verpassen 30
mistake Fehler 19
mixed gemischt 25
money Geld 15
month Monat 4
morning Morgen 6
mother Mutter 28
Mrs Frau 4
much viel 13
not much nicht viel 13
so much so viel 14
too much zu viel 13
muesli Müsli 6
Mum Mutti 15
Mummy Mutti, Mami 15
Munich München 1
music Musik 28
must müssen 15
must be sein müssen 4
my mein(e) 5
myself mich, mir 29

N
name Name 15
national anthem Nationalhymne 24
near in der Nähe von 12
nearest nächstgelegene(r, -s) 22
nearly fast 19
need brauchen 15
never nie 13
never mind macht nichts 11
new neu 15
news Nachricht, Nachrichten 12, 17
newspaper Zeitung 10
next nächste(r, -s) 3
next time nächstes Mal 8
next to neben 5
next week nächste Woche 10
nice nett, schön 5
nice to meet you nett, Sie kennenzulernen 4
no nein 1
kein(e) 9
no problem kein Problem 7
no, thanks nein, danke 1
nobody keiner, niemand 25

normally gewöhnlich **6**
note *(Geld)*Schein **17**
nothing nichts **27**
now jetzt **5**
number Nummer **26**
Telefonnummer **22**

O
of course natürlich **5**
office Büro **6**
often oft **6**
oh oh **1**
oh dear! oh je! **4**
okay okay, in Ordnung **5**
old alt **12**
on auf **1**
one ein(e) **2**
only nur **8**
open öffnen **19**
opposite gegenüber **5**
or oder **3**
order bestellen **13**
other andere(r, -s) **15**
our unser(e) **6**
ours unseres *usw.* **19**
ourselves uns **29**
out of order außer Betrieb **22**
outside draußen **7**
vor **22**
over über **12**
over there dort drüben **2**
owner Besitzer **5**

P
pair Paar **16**
panic in Panik geraten **18**
paper Zeitung **3**
paper bank Papiercontainer **20**
parents Eltern **17**
pass reichen **10**
passenger Passagier **1**
pavement Bürgersteig **20**
pay zahlen **25**
pence Pence **3**
people Leute **4**
perfect ideal **19**
perhaps vielleicht **25**
petrol Benzin **19**
phonebox Telefonzelle **22**
phonecard Telefonkarte **22**
photo Foto **15**
pick up abheben **22**
picnic Picknick **19**
pineapple Ananas **9**
place Ort **15**
plain einfach, gewöhnlich **16**
plan planen **10**
plane Flugzeug **1**
plate Teller **19**
play spielen **8**
Theaterstück **24**
pleased *in:* **pleased to meet you** freut mich, Sie kennenzulernen **29**
pleasure Vergnügen **30**
pocket Hosentasche **7**
police Polizei **18**
portrait Porträt **12**
post office Postamt **22**
postcard Postkarte **15**
pound Pfund *(brit. Währungseinheit)* **3**
Pfund *(454g)* **9**
pour ausschenken **19**
present Geschenk **14**
presentation Referat **10**
press-up Liegestütz **8**
primary school Grundschule **6**
prince Prinz **24**
programme Programm **28**
put on *hier*: zunehmen **15**
put out auslegen **19**
put something in etwas hineintun **13**

Q
quarter to Viertel vor **6**
queen Königin **24**
queue Warteschlange **26**
quick schnell **26**
quickly *Adv.* schnell **23**
quiet ruhig **13**
quite ganz, recht **21**

R
radio Radio **5**
rain regnen **27**
rainy regnerisch **29**
rat Ratte **12**
read lesen **3**
real echt **13**
realize merken, feststellen **29**
really wirklich **9**

receiver Hörer **22**
recycling recyceln **20**
red rot **2**
remember sich erinnern; daran denken **24**
replace wieder auflegen **22**
report melden **18**
rest Rest **17**
return retour, Rückfahrkarte **3**
right also **12**
richtig **2**
on the right rechts **3**
ring *(Finger)*Ring **7**
ring home nach Hause telefonieren **22**
ring up anrufen **18**
roast beef Roastbeef **25**
rock music Rockmusik **28**
romance Romanze **30**
room Zimmer **5**
round the corner um die Ecke **30**
Royal Box Königsloge **24**
Royal Family königliche Familie **24**
Royals Mitglieder der königlichen Familie **24**
rucksack Rucksack **2**
run laufen, rennen **23**

S

safe sicher **30**
salad Salat **25**
salmon Lachs **25**
same gleiche(r, -s) **29**
sandwich Sandwich **4**
satellite TV Satellitenfernsehen **5**
save retten **23**
sparen **20**
say sagen **12**
scared *in*: **be scared** Angst haben **21**
scary unheimlich **21**
school Schule **4**
scone Scone *(Teegebäck)* **13**
Scottish schottisch **1**
seat Sitzplatz **24**
see *hier*: verstehen **8**
sehen **7**
seem scheinen **14**
sell verkaufen **14**
send schicken **15**
separate trennen; getrennt **20**
serious ernst **27**
service Service **26**
severe schwer, schlimm **23**
shame *in:* **what a shame** wie schade **24**
she sie **4**
shirt Hemd **16**
shocked schockiert **23**
shop einkaufen; Geschäft **9**
shop assistant Verkäufer(in) **27**
shopping *in:* **do the shopping** einkaufen, Einkäufe machen **9**
short kurz **8**
I'm short of mir fehlt es an **17**
should sollte(n) *usw.* **15**
show Vorstellung **24**
zeigen **10**
show around herumführen **30**
shower Dusche **30**
sight Sehenswürdigkeit **26**
sightseeing Besichtigung(en) **12**
silk Seiden...; Seide **16**
silly dumm **19**
since seit **14**
single einfach, Einzelfahrkarte **3**
sir mein Herr *(im Dt. als Anrede aber nicht mehr üblich, daher unübersetzt)* **24**
sit down sich hinsetzen **4**
sitting room Wohnzimmer **5**
skirt Rock **16**
sleep schlafen **3**
slow langsam **26**
slowly *Adv.* langsam **19**
small klein **19**
smart schick **16**
smoke rauchen **14**
snack Kleinigkeit *(zu Essen)* **6**
so also **1**
so **5**
some einige, etwas **9**
something etwas **14**
sometimes manchmal **6**
somewhere irgendwo **7**
soon bald **30**
sorry *in*: **I'm sorry** Verzeihung **1**
sound sich anhören, klingen **12**
souvenir Souvenir, Andenken **14**
spaghetti Spaghetti **9**
spare Extra..., Gäste... **5**
speak sprechen **6**
special besondere(r, -s) **25**
spend a penny »austreten« **25**

sports Sport **5**
  sports centre Sportzentrum **8**
  sports news Sportnachrichten **28**
spread sich verbreiten **23**
staff Personal **30**
stalls *(Pl.)* Parkett **24**
stand up aufstehen **24**
start beginnen, anfangen **27**
stay wohnen, übernachten **11**
still noch **11**
stone Stein **23**
stop Haltestelle **3**
story-teller Erzähler(in) **21**
straightaway sofort **18**
street Straße **22**
stuck *in:* **be stuck** festsitzen **21**
student Student, Schüler **4**
study Arbeitszimmer **5**
suddenly plötzlich **21**
sugar Zucker **1**
summer Sommer **27**
sunny sonnig **21**
supper Abendessen **6**
sure na klar, sicher **17**
  I'm sure ich bin sicher **18**
sweet süß **9**
switch off ausschalten **28**
  switch on einschalten **28**

T
table Tisch **5**
take nehmen, bringen **18**
  take care auf sich aufpassen **30**
talk sprechen **22**
tall groß **24**
tank *(Benzin)*Tank **21**
taste schmecken **13**
taxi Taxi **11**
tea Tee **4**
teach unterrichten **6**
tearoom Teestube **12**
telephone call Telefonanruf **22**
  telephone number Telefonnummer **18**
television Fernseher **5**
tell sagen, erzählen **12**
tennis ball Tennisball **27**
  tennis player Tennisspieler **28**
  tennis shoes Tennisschuhe **27**
  tennis star Tennisstar **27**
term Semester, Trimester **30**
terminal Flughafengebäude **2**
terrible furchtbar **22**
Thames Themse **25**
than als **16**
thank someone sich bei jemandem bedanken **23**
that das **1**
  that's das ist **1**
the der, die, das **1**
their ihr(e) **6**
theirs ihres *usw.* **19**
them sie *(Pl.)*, ihnen **10**
then also **4**
  dann **6**
there dort **2**
  there you are bitte schön **3**
these diese (hier) **9**
they sie **2**
thing Ding **7**
think glauben, meinen **7**
third dritte(r, -s) **5**
  third time lucky beim dritten Mal gelingt's **22**
this diese(r, -s) **3**
those diese (dort) **9**
throw away wegwerfen **20**
ticket office Fahrkartenschalter **26**
tidy ordentlich, sauber **20**
time Zeit **5**
  the first time das erste Mal **13**
tired müde **4**
to zu, nach **3**
today heute **9**
together zusammen **14**
toilet Toilette **5**
tomorrow morgen **10**
tonight heute Abend **9**
too auch **4**
tooth Zahn **12**
torture chamber Folterkammer **12**
tourist Tourist **13**
town Stadt **6**
  town centre Stadtmitte **8**
travel bag Reisetasche **2**
tree Baum **20**
trip Ausflug **10**
trolley Kofferkuli **2**
trouble Ärger **21**
trousers *(Pl.)* Hose(n) **16**
true wahr **5**

try probieren **19**
try on anprobieren, aufsetzen **16**
turn abbiegen **19**
turn up auftauchen **22**
lauter machen/stellen **28**
TV Fernseher **5**
twin beds zwei Einzelbetten **30**
two zwei **2**
typical typisch **22**

U
umbrella Regenschirm **27**
unhurt unverletzt **23**
unpack auspacken **19**
until bis **24**
upset verärgert **21**
upstairs oben **7**
us uns **18**
use auf-, verbrauchen **13**
use up aufbrauchen **22**
useful nützlich **12**
usually normalerweise, gewöhnlich **6**

V
vegetarian vegetarisch **25**
very sehr **2**
Victorian viktorianisch **23**
visit besuchen **15**
visitor Besucher **30**

W
wait for warten auf **11**
walk *(Fuß)*Weg, Marsch **21**
want wollen **8**
wash basin Waschbecken **5**
watch *(Film)* ansehen **28**
beobachten **24**
water Wasser **19**
wax figure Wachsfigur **12**
way *in:* **on our way home** auf dem Heimweg **21**
on the way back auf dem Rückweg **19**
we wir **2**
wear tragen **16**
weather Wetter **15**
wedding Hochzeit **16**
week Woche **10**
weekend Wochenende **17**
at the weekend am Wochenende **17**
welcome willkommen **29**
well nun (ja) **4**
wohlauf, gesund **15**
well done gut durch(gebraten) **25**
wet nass **7**
what was **7**
what a ... was für ein(e) ... **12**
when wann **3**
where wo **3**
while während **27**
white weiß **3**
who wer **5**
whose wessen **7**
why warum **4**
why not warum nicht **7**
wife *(Ehe)*Frau **29**
window Fenster **23**
windy windig **29**
wine Wein **19**
wine list Getränke-, Weinkarte **25**
wing Flügel **26**
with mit **5**
without ohne **28**
woman Frau **8**
women *(Pl.)* Frauen **8**
wonderful wunderbar **11**
work arbeiten **6**
at work bei der Arbeit **6**
worried besorgt **18**
worry sich Sorgen machen **14**
wrestling Ringen **8**
write schreiben **15**

Y
year Jahr **12**
yellow gelb **3**
yes ja **1**
yes, please ja, bitte **1**
yesterday gestern **21**
yet *(in Fragen)* schon **13**
you du/Sie **1**
you're du bist/Sie sind **1**
you two ihr beide **4**
young jung **30**
your dein(e) **5**
yours deines; eueres *usw.* **19**
yourself dich/dir **29**
yourselves euch/Sie (*Pl.*) **29**